僑窗觀景雜文雜萃

周俊良 著

大紐約成大校友會網站編

文 學 叢 刊

文史哲出版社印行

國家圖書館出版品預行編目資料

僑窗觀景雜文雜萃 / 周俊良著 -- 初版 -- 臺
北市：文史哲,民 99.11
　頁；　公分（文學叢刊；240）
ISBN 978-957-549-943-3（平裝）

855　　　　　　　　　　　　99019362

文 學 叢 刊　240

僑窗觀景雜文雜萃

著　　者：周　　俊　　良
編　　者：大 紐 約 成 大 校 友 會 網 站
出 版 者：文 史 哲 出 版 社
　　　　　http://www.lapen.com.tw
　　　　　e-mail：lapen@ms74.hinet.net
登記證字號：行政院新聞局版臺業字五三三七號
發 行 人：彭　　正　　雄
發 行 所：文 史 哲 出 版 社
印 刷 者：文 史 哲 出 版 社
　　　　　臺北市羅斯福路一段七十二巷四號
　　　　　郵政劃撥帳號：一六一八○一七五
　　　　　電話886-2-23511028・傳真886-2-23965656

定價新臺幣一六○元

中 華 民 國 九 十 九 年（2010）十 一 月 初 版

ISBN 978-957-549-943-3　　　　08240

前言後語

CKUAAGNY. ORG

　　本「專集」原是大紐約成大校友會網站，校友園地主編丁學長松洲兄將我所有歷年在校友會年刊、通訊、網站登載過的拙文或小品集合起來編排成《僑窗觀景雜文雜萃》小冊，其內容都採自校友會各種刊物，也可說全部本校友會有關，雖然部份文章僅屬散雜文類，但絕大部份是與母校或校友會有關之信息。

　　因為我在網站校友園地所佔篇幅較多，松洲兄為方便讀者尋找起見，索興將散見各期我的文字編排起來成為轉輯。

　　松洲兄多年來對網站頗具才華，本專輯編得討人喜愛。我覺得在網站只有網友看得到，卻剝脫了沒有電腦的朋友們之閱讀權利，於是我建議將它印成文集以享大眾讀者。故請他以編者身份寫幾句前言或後語，奈知他謙虛加上他最近特別忙碌，致在付梓前仍來見首肯。

　　由於他原採用的封面，若以我個人名義付印，似乎自我膨脹之嫌，所以在封面上加印「大紐約成大校友會

網站校友園地編」等字。費用則由本人自行負責，並免費贈閱，以作為我將於明年畢業 60 週年之紀念。尚祈凡愛我之學長多賜指教為禱。

　　　　　　　　　　八二老人　周俊良謹識

僑窗觀景雜文雜萃

前言後語 ……………………………………………………… 1

一九九三年會隨筆側記 ……………………………………… 5

紀念結婚四十週年母校行 …………………………………… 11

抓鼠記 ………………………………………………………… 14

與「台南工學院」結下不解之緣 ………………………… 17

二十分鐘內召開了　"迷你"校友會 ……………………… 19

半世紀前的校園往事　「趕考」道上笑傻走一回 ……… 22

慶校慶　暹羅行 ……………………………………………… 29

慶校慶　南臺行 ……………………………………………… 37

慶校慶　南臺行（二）……………………………………… 42

當我們「又」同在一起 …………………………………… 46

我能進的桃花源你肯定也能 ……………………………… 51

不來該悔 ……………………………………………………… 55

寫給二十歲的我母校怎能不愛 …………………………… 63

四個 M 之旅 ………………………………………………… 66

渡　口 ………………………………………………………… 70

怕什麼 ………………………………………………………… 74

受獎感言 ……………………………………………………… 80

戲說電影《梁山伯與祝英台》 …………………………………… 85

難忘刻書生涯 ……………………………………………………… 88

我們的院長是　王石安 …………………………………………… 91

再見堂妹正茵 ……………………………………………………… 95

一九九三年會隨筆側記

◆校友會已開了將近一個月，還正浸淫在美好的回憶中，忽然接到唐煥平與前會長蔡光新兩兄先後指示，要我爲年會寫點東西。先是要我寫全部年會經過，電話是由一起參加年會的內人張寧聽的，她知道我那天只是吃吃喝喝毫無心理準備，非但未對活動的人、時等有半點記錄，就連經過的情景也未加留意，所以未經我的同意就給兩位學長打了回票。倒底老夫老妻，知夫莫如老妻，真感謝她將這份差事擋了回去。可是她又自以爲是地代我向這兩位學長做了另外一個承諾，說我寫「年會經過」會有困難，要他（我）寫點花絮好了。她那想到沒有適當的基礎資料，花絮照樣是難寫的。可是她也是校友，既已答應了人家，又怎能陷她於「食言」呢，現只能以想到那裡寫到那裡的隨筆方式，寫來充數交卷，但請各位學長不要怪罪。

◆首先容我將對校友會和有關母校的感受表示出來。因爲我倆對母校的感情很深，雖不會吟詩，但在年會前夕由感而發胡亂想了幾句話，寫成了打油詩交給了唐兄，還承蒙他及其他兩位書法家大筆一揮寫上紅紙貼

上了牆壁獻醜，那天因場地關係，有部份學長未曾注意
到，現再從手提電腦的記憶體找出來抄錄如下，以供學
長們噴飯，當然務請多多指教。

　　◇母校情懷校友聚

　　赤崁故都鳳凰林　　名揚四海大學城

　　培育英才知多少　　在在名就事業成

　　成大前身工學院　　三年同窗終聯姻（※）

　　雖我倆老時已過　　卻見群英倍歡欣

　　（※）內人與我係前後期，所以我　倆只同學三年。

　　◇年會紀盛群賢至

　　故都南臺大學城　　爾今天下咸知名

　　半百年來育才多　　儕儕多士皆菁英

　　金秋新州會校友　　攜家帶眷逢其盛

　　當年互道自珍重　　鬢白重聚倍興奮

　　◇成功大學校友會慶

　　成事在我志無窮　　功在各界論英雄

　　大哉故都小東里　　學府先後窗硯同

　　校歌高唱在異邦　　友情真露齊動容

　　會師群英新澤西　　慶幸歡聚樂融融

　　◇校園頌

　　成功、勝利、光復、建國、自強、敬業、力行、華
夏（※）。

　　成功前身工學院　　勝利之初小校園

　　光復校區五五購　　建國育才擴圍垣

自強不息院系增　敬業樂群前程遠

力行美德傳統是　華夏相會但如願

　　※母校現有七個正式定名的校區，最近有校友倡議到祖國大陸擴增校區，我建議其第一個在神州大地建立的校區取名爲「華夏」。

　　◆因爲週末需要上班，而且上的又是小夜班，每屆校友會活動，心裡一百個想參加，但總因週末的假難請而難以如願。此次雖先後有蔡會長光新、蔡副會長篤志、和唐煥平兄來電下達徵集令，給他們答案卻總是未知數。還有一個不敢輕易允諾的原因是，我車子是能開得動，認路卻大有問題，這也是我多年來儘量不開遠路，而錯過很多聚會的原因。

　　◆就在此次會前約一兩個禮拜，正在爲此猶疑不決而傷腦筋的時侯，突然接到一位好心且熱心的學長，于同根兄來電問我們要不要搭便車，他可以前來接我們云云。雖然請假的事尙不知如何解決，但我們的心事好像被他洞察，且令人卻步的交通問題又獲得解決了，內人不待與我商量就在電話裡答應了下來。我們之不顧困難前去參加聚會，可以說是于學長催的生。至於工作單位則是托病請的假，那天開會的時侯，蔡會長在開場白中說我在行前還到醫生那裡取了證明請「病」「假」而來的，就是這個道理。

　　◆那天去的時侯于兄先來接我夫婦倆，然後再到圖書館接他成天公而忘私的夫人錢寧娜學長，結果錢學姐

為了配合我們的時間，她在辦公室還特別做了一番安排。會後又要在深夜將我們先安全送到家，害得向來暈車的錢學姐因多兜圈子，而忍不住就在我家門口將一頓佳餚還給了大地，我們雖然進了自己的家門，卻為她難過好一陣子，謹借此一角向于同根、錢寧娜賢伉儷深表歉意與謝意。

　　◆校友會前收到最近一期的通訊，得知楊協和兄早已在美東住下，欣喜之餘立即電邀他一同參加校友會，可藉以與他聚舊。這也是我甘冒「詐病」請「假」之一股力量。那天我原本是帶了手提電腦，預備一顯身手，做個現場記者的，可是一見到這位相識已四十五年之久而好多年不見的老同學，單就上次見面後的「家常」聊過沒完，那有時間來作文？說實在的，因為天南地北聊得起勁，將帶在身邊的 notebook 根本忘在一邊了，致使英雄未曾派到用武之地。

　　◆另一個增強我參加這次校友會意念的動力，是蔡篤志的一通電話，他來電話時，我一面聽電話一面在腦際有個疑問，我對他並沒有印象，怎麼他會打電話來邀我，後來我得知他原來是我們的副會長，而不露生色地只說曾經是我在母校濫芋充數兼課時的學生，這樣一位哥侖比亞大學的大博士，居然謙稱是我的學生，且不嫌棄我是十足的土學士而直乎我老師，使我在受寵若驚之餘，直感嘆祖國對人格教育的成功，為了要再去認清這位曾經被我誤過的蔡家子弟，也變成我要排除困難前往

赴會的原因之一。

◆自從 1992 年參加過年會，而對校友會稍有認識以後，對於本屆會長蔡光新學長和他所領導的「班子」對推動會務的熱誠實在令人感佩。我因為常常義務為校友會通訊用中文電腦打字，從中知道他辦事非常仔細負責，對他謙和的為人處世態度也很折服。我不是因為他懂得敬老尊賢常來電話指教而才說他好話，他辦得好就是好，這次的年會辦得如此有聲有色可是有目共睹的！不過他的功勞一半應該由他夫人梁美華學長分享的，她無論在台前幕後，都做了他的賢內助。謹在此代表愚夫婦向蔡會長賢伉儷表示敬意。

◆在歷屆會長講過話後，忘了是那位學長對他們的演講做了一個講評，說他們盡其所能的「丑表功」本事，一個比一個「皮厚」。不過在他的語氣當中，要表示的真正意思是褒而不是貶，他們先後報告的是他們的「政績」，皮越厚的就是表示政績越好。他的本意是說各位會長辦理起會務來，一屆比一屆「棒」，可不是嗎？

◆1992 年會時，有個「老少配」上台亮相的節目，今年我又照例被唱到了名。因為校友中比我年長者兩年都沒蒞臨，以致連續兩年的「老」都由我賣了。看樣子只要我每年都出席，少的當然年年會更新，老的嘛，大概非我莫屬了。可是也引起我那四十一年建築系畢業的老妻張寧吃酸，因為只要我不在場，她可就依老賣老了。然而她又不忍心為了要亮相而叫我先她而「去」，

所以我建議明年年會時，有個「夫妻檔」的唱名並比「老」節目如何？另外，如果來個女生比老，她倒也能有個「站台」的機會，因她是母校女生第一屆畢業生。

◆工學院時代的校歌很難唱，現在的校歌對我更陌生，每年年會開始要唱校歌，對我是個尷尬的負擔。雖然在參加年會前夕總要拿著譜試唱一番，奈因我非但毫無音樂細胞且又五音不全，要自修練成絕非易事，所以我在此建議校友會製錄一套校歌教唱錄音帶，以贈供校友練習之用，同時建議母校將它製成卡拉 OK，以供各校友會聚會時作為卡拉 OK 大賽的一個項目。

◆這一年來因常有機會和負責編輯年刊和通信的唐煥平兄接觸，發現此公非但多才多藝，而且細心又負責，這次呈現於諸學長面前的 1993 年刊之精美且內容豐就是明證。這次的大會司儀也當得如此有聲有色，也足證他這兩把刷子可不是蓋的。不過由於他全心全意的投入，卻常冷落了忙於照顧稚齡兒女的太太，謹代表「老」校友向唐大嫂致意。

紀念結婚四十週年母校行

1.尋夢園

　　爭爭吵吵四十載，恩恩怨怨夫妻債，父神旨意何須抗，既已結合就得愛，當年結怨在母校，工院園區是媒介，國際會議當藉口，重溫舊夢故都來。

2.台南到，倍興奮，沒有了，便當聲

　　車到台南倍高興，放眼窗外傾耳聽，伸手牽牽牽手手，試聞聲聲便當聲，建設進步非昔比，但聽四處廣播音，市容巨變認不得，但記母校後站行。

3.貴賓不是我

　　自強靠站緩慢行，遙望校長迎貴賓，疑問要把誰來接，原係資政閣振興，不速之客宜迴避，隨後慢行電腦拎，階梯上下雖勞累，一時亢奮忘艱辛。

4.接　車

　　跟隨人群到前門，希望吳兄正在等，引頸許久不見來，竟然出現嫂夫人，方知兄嫂後站候，始終不見咱人

影，吳兄再來前站找，開車幾能兜不能停，次錯過無奈
何，折返後站把神定，設想週到車兩輛，終於會合竟全
程。

5.車遊大學城

校園擴充站就近，後站一出校區進，蔗園殘垣全消
失，校舍店面新環境，車河游進校區內，工院之外全屬
新，偌大校區難走遍，驅車瀏覽大學景。

6.意外晚宴憶當年

迎賓樓中迎貴賓，位額有限不易進，我因講演得以
住，吳兄安排煞費心。客廳巧遇馬校長，邀約晚宴欣然
應，闊前校長主客位，敬陪末座猶榮幸。宴開兩桌團團
坐，新識故知盡歡欣，各級主管坐上客，博學多才多年
輕，幾位師長已退休，三數教座同期生，我倆畢業逾四
十，自把校友代表稱。回憶往事話當年，歷歷在目舊情
景，揶揄我倆樓臺會，席間頻頻傳笑聲，偶問昔日招待
所，據指就是在隔鄰，不忍重提老鼠會，只怕胃開把飯
噴。

7.拜訪校友連絡中心　主任葉茂榮

校友連絡在中心，拜訪主任前約定，吳兄陪伴依約
去，欣然拜見葉主任，承告母校新近事，猶如遊子感溫
馨，道及校歌唱不好，贈送歌譜帶錄音，主人事忙我告

辭，又得校園新錄影，心懷歡喜滿載歸，樂意道來諸位
聽。

8.莘莘學子何其幸

辭別中心未出門，適時走進馬夫人，初次幸會互寒
喧，共進午膳西餐廳，原忖食客多教職，孰料多是在校
生，憶起當年但求飽，不勝唏噓淚濕襟，餐畢離去走廊
過，傳來陣陣音樂聲，抬頭再往左右看，只見三五學生
群，光天化日共起舞，授受不清我時禁，現今婆娑交際
舞，莘莘學子何其幸。

抓　鼠　記

　　會長索稿好鴨霸　　限時限字不得差
　　靈鼠當道憶往年　　抓鼠糗事東窗發

　　四月二日晚飯後，突接久未見面的會長來電，才三言兩句，他就直接了當切入為 newsletter 索稿正題。他要的稿子，一、不得用打油詩敷衍塞職，二、稿長不得超過五六百字，三、內容以當年校園往事為宜，四、交稿愈快愈好。條件如此苛刻，煞是為難，不敢貿然答應；一來要以五六百字談陳年往事，實非易事。二來因我尚在病後調養中，不宜在電腦前久坐，難以一氣呵成。

　　起初我自許以一星期為最快繳卷限期，他則要求三天，問他何時截稿，他說三月三十一日，我說既已截稿，這次就免了也罷。他非但不輕易放過，卻以此為由，更添加一道緊箍咒，反而將限期縮短為四十八小時。奈何他是會長，拗不過他。

　　討價還價打諢半天，祇得答應勉力為之，惟因當年小城故事多，不知從何說起好。我問他今年既是靈鼠當道，可否以當年曾轟動全台的「院長捉鼠記」，以饗校友？他說那倒是新鮮舊事，就以此為題可也。不過此段

故事對你我都不怎麼光彩，登不登則由會長裁奪了。

　　話說民國卅六年進入台南工學院時，那是一個只有六個工程學系、小家璧玉型，卻是南台灣的最高學府。在校同學大概不到一千人，而是個不見異性的和尚廟，當時由於社會風氣和教育制度使然，同學們在此修道院中，清心寡慾，專心向學，倒都認為是理所當然。

　　時至民國卅七年夏，突然招來第一批十二名女生，分別就讀於化工、建築二系。自此校園憑添不少青春氣息，花心和尚無不摩拳擦掌，希望能在稀有族群中覓得意中人。可是當時的院長，在女生的生活規條中暗下了一道惡毒密令，就是不准談戀愛。女生既有禁錮令在身，男生們縱然垂涎三尺，卻只能望洋興嘆，而不敢越雷池半步。莘莘學子，無論是男是女，對此惡規無不咬牙切齒，恨之入骨；但那院長治學嚴謹，且道貌岸然，一副老夫子模樣，大家也只好氣在心頭口難開。

　　民國四十年暑假，四年修業完畢，正在宿舍等待分發就業，突聞本校有一女講師投日月潭自盡。此一社會新聞，所以之不但轟動全省，還在校內引起一陣騷動，甚至學生宿舍中傳出陣陣打門板、敲臉盆的歡呼，是因為女講師之自殺，係出於抗議那位平時不准學生談戀愛的院長對她始亂終棄。

　　她並未留有遺書，卻從她日記中窺知，在她來本校之初，單身的她被按置在學校的招待所。該招待所房舍很大，當時隻身在台的院長也暫住在招待所的另一側。

如此曠男怨女處在同一個屋簷下，盡管他白天訓誨學生不得攪男女關係，一到晚間再也耐不住寂寞，終於在一個夜深人靜的晚上，借乂「抓老鼠」的藉口進了她的房。

東窗事發後，寧靜的校園激起圈圈漪漣，男女同學高興的是再也不受假道學束綁了。

「抓老鼠」的名聲從此傳播開來，當我們捧著臨時畢業證書去應徵或求職，主管人員見到上面簽的是「院長」名字，無不以異樣的眼光來打量我們一番，甚而將證書在辦公室傳閱，我們也不時受到「有其師必有其徒」的揶揄。

與「台南工學院」結下不解之緣

　　民國三十四年那年，我才十六歲。當時對日抗戰勝利，舉國歡騰，不只是為戰勝了入侵者，主要的還是因人們經過幾瀕亡國的長期抗戰、處處滿目瘡痍、人人疲憊乏力之際，竟又能復員療傷、重建家園。當時人們無不有熬過漫長、恐怖的黑夜，終於天現曙光的感受。所以抗戰勝利之慶祝盛況 —— 那以億計的人們歡喜若狂的感人場面，相信在人類史上也不多見。

　　少年的我當然感到無比的興奮。青年們無不憧憬、編織著似錦的前程、美夢，紛紛自願走進學校去投入為祖國建設而學習。

　　不幸，黎明微光猶如白駒過隙，一閃即逝，接著又為內戰的硝煙所瀰漫。政治上的協商與軍事上的對陣，當時我們不懂，可以不去過問，但四遭惶惶不可終日的氣氛，又將我們這群剛從惡夢中醒過來的莘莘學子，投入了雲霧之中。

　　在上海，先是國立交通大學等校的大學生，高舉大條"油炸鬼"（油條），說政府「給」的一個月「公費」不夠買根油條吃。接著連我們這些中學生也不能倖免，

紛紛被誘去趕時髦，天天跟著上街頭，搖旗吶喊。學潮一天比一天洶湧，校園變成了遊行的聚散地。

學黌弦歌又將中綴之必然趨勢，遂成為我在民國卅六年背鄉離井，隻身遠渡海峽，到當時唯一比較適合求學的台灣，去繼續完成我願望的原動力。

在當時，人們見識沒有現在廣，對於台灣也很陌生，只知道那是在東南方很遠的地方。在那裡既無親，又無故，連我自己都有一去不復返的離愁。

我所以之於民國卅六年進入台南工學院，是因為頭一年，在偶然的機會裡，認識了一位才從德國留學回來，在台南工學院擔任共同科主任的程博士。不料當我們興緻沖沖去投奔他的時候，他卻在兩天前離開工學院到上海同濟大學任教，而與我們在台灣海峽失之交臂了。不過我們還是沉著應試，進而與起先的台南工學院（後來改名為台灣省立工學院，繼而改制為台灣省立成功大學，也是現在的國立成功大學）結下不解之緣，私定了終身，而至今無怨無悔。因為在那裡遇到了至今已結褵四十又二年的老伴，建築系四十一年畢業的張寧。

二十分鐘內召開了
"迷你"校友會

　　最近一個月來，我倆老爲了要到在 IBM 做事的小兒家充當園丁和保母，常去他們的所在地 POUGHKEEPSIE。這已是第三次了，再不和那裡的土地公郭魯泰學長連繫，會有失禮數，何況小兒現在這個新居還是他大力幫忙買成的，所以在我到的第二天晚間撥了個電話向他報到。他不在，就留了 MESSAGE，說我來了貴寶地已經幾次，特此報到並致意。

　　次晨，當我們尙在睡夢中（其實已經不早，只是因爲老伴感冒咳嗽，徹夜未得好睡，清晨自然補睡一回，魯泰兄事後卻連連自責說"年少不更事，不知老人家也，不該一早打攪"，真是有口莫辯！），他就來電話留了 MESSAGE。當我回電時，一聽是我，他倒沒有數落我的不是，卻一開口就說"我吃醋了"，原來還是怪我到現在才向「地保」報到而吃酸了。

　　他本來要到我小兒家來聊聊，但因張寧重感冒，同時顧及他的體質要盡量避免任何感染，於是就在電話裡

煲了一鍋粥。聊得電話線發燒，似乎言猶未盡，收線時，彼此說後會有期，我並告訴他，我將於星期五下午兩點多打道回法拉盛。

時至星期五的上午十一點光景，我正在院子為小兒修剪樹枝，突接魯泰兄來電約去一自助餐館見面聊聊，當時我有些遲疑，一方面因為時間過於急促，而張寧為看顧孫兒不便走開，另一方面總不能每次要他破費。我正在找藉口推辭中，他說也要找朱兆凡學長來，不過他尚未與朱學長連絡，要等我答應了才去邀云云。我一聽是在校友會中所盼望見到而未能見到的傑出校友的名字，如此如雷貫耳，當然立即在這個條件下答應了下來。雖然懷疑他是否能在這麼短的時間內邀到這位忙人，但還是抱著希望等待他的來電。

十分鐘不到，電話來了，他非常興奮的說朱學長一定會到，另外還邀了四十二年電機的江應兆和四十七年機械的黃文豹兩位學長。於是他立即前來接我，趕在十一半前到達餐館。

一進餐館，魯泰兄就到櫃檯付費定位，並交代老闆說，凡六十歲以上的中國人都是他的客人，請將他們帶進來。老闆唯諾稱是，有位正付帳要離去的中國年長者卻為之側目，大概在想，如果跟在我們後面，不也是魯泰兄的客人而不必付帳了嗎？

我們五人相繼來到，因是自助餐，各取所需端了菜圍坐一桌，邊吃邊聊。因為期別相差不遠，可用共同語

言來談笑當年在校往事。除了沒有請魯泰兄依照慣例領唱校歌外，我們這個聚會倒真是名符其實的“校友會”。朱學長因有要公先行離去，我們四人卻天南地北聊到兩點多。

　　此次“迷你校友會”得以在二十分內召開成功，魯泰兄給我戴高帽子，說因爲我的面子大，他們一聽我來到都樂意來參加這個聚會。其實他們和我並不相識，倒是從此可見魯泰兄的人緣廣，有號召力。不過有一點我深深感受到的是“成大情”，他們縱然並不認識我，卻如此樂意地來相會，實在因爲我是“成大人”。

　　最後魯泰兄背誦了一首有關八十歲李老先生與一位七十二歲新娘結婚，某君爲之所作的詩句，而後散會。詩云：

　　　　太公八十遇文王，李老“昂”然入洞房；
　　　　若是養生真有術，多嘗甜點“又”何妨。

半世紀前的校園往事
「趕考」道上笑傻走一回

　　我是在民國三十六年到台灣的，那是爲了「負笈」求學，並不是後來隨軍撤退而去的。我之所以要到台灣去「留學」，倒並不是在政治上有什麼偉大的遠見，而是因爲國內時局不定，無法安心唸書；其次，「逃婚」也是我離鄉背井的主要動力。

　　至於怎「敢」到一個完全陌生，卻無親無靠的台灣去呢？其原因是受了一位在前一年偶然機會遇到的程教授的鼓勵。那時他是剛從德國回來的物理學博士，台灣大學的教授；因回鄉探親途經上海，在我家打尖而相識。那時他極力鼓勵我於次年到台灣大學去升學。

　　第二年，就是民國三十六年初與他連絡時，得知他已轉往我們母校的前身，台南工學院（那是他來信信封上的名稱），擔任共同科（物理、數學）主任，於是他又極力慫恿我改考他所任教，卻已改了稱謂的「台灣省立工學院」。

　　他爲解除我對陌生異地的恐懼，在信中還答應幫我

在初到時，如何適應環境；甚至強調，假設當我到達時而他適巧不在，他也將交代校方將他所住宿舍讓我暫住。他更鼓勵我結伴而行，當然也會一樣照顧我的同行者。既然如此，我就邀了同班同學劉忠權兄，和他鄉親好友孫蔚文兄，一同踏上征途前去趕考。

那時，我們只知道台灣是在東南方的一個島嶼，對於它的地理環境、風土人情、政治背景茫無所知；二三月間雖然在報端見到有關事變的報導，但一點也沒有感覺到那些台北、台中、嘉義、高雄等地所發生的事情，與我們即將要去的台南距離有多遠，有什麼關聯；因而我們的「毅然」成行，不是由於「膽大」，而是出於「不知」。

我們三個小毛頭，頭一次漂洋過海，乘的是當年算是相當高級的「中興輪」；開航之初風平浪靜，感到還平穩舒適。原來預計兩天一夜的航程，就可到達基隆碼頭的；不料半途遇到颱風，那平底的「中興輪」可將原就暈船的我，整得七葷八素，再狂風巨浪中被折騰了四天四夜。

在這四晝夜間，船上的報務員，常來陪我們聊天，並介紹台灣種種，藉以解除我們對風浪之驚恐；但當他詳說數月前的二二八事變光景時，害得我們都有「上了賊船」進退不得的懊惱與無奈。

登得彼岸，本來預計就在基隆上火車直奔台南，奈因此次能將火車頭從八堵吹到台北的颱風，非常強烈，

全線的交通也因而癱瘓；無可奈何，當天只好在基隆仁一路河邊找了個矮平房日式旅店住下，預備第二天再作打算。

因為四天來一直在海上隨巨浪沉浮，一上岸頓有腳踏實地、回歸大地之感；忠權兄見到滿街香蕉與刨冰更是興奮不已；就在尋找旅店途中他簡直是逢攤必吃，再短短一段時間內，吃了他當時有生以來所吃過的冰和香蕉的總和，好不痛快！但到當晚，他卻因過量吃了香蕉和刨冰，加上水土不服，他病了，而且還發燒，於是將我們陷入了愁境。

次日午後，聽說全線雖仍無法通車，但從基隆到台北的區間車已經恢復；因鑒於住旅店太貴，不宜多耽（至少未有此預算），於是想到台北去投奔台大宿舍。到了台北，只見一片戰後景象；我們不知道台大位於何方，距車站有多遠，更不知道如何去法，只好用肢體語言與黃包車伕打上交道。幾經指手劃腳，他總算表示知道，而樂意拉我們前去；可是當時一片悽涼的車站前，只有他一部人力車在；逼不得已，我們決定讓病中的忠權兄和三件行李上了車，我與蔚文兄則在車後，像瘋子一般「追趕」；回想起來，這實在是幅令人捧腹的一幕；當然，這樣倒也為我們省掉一筆預算外的開銷。

現今回想起當時，在「市區」才奔跑了一回，就見到兩旁有莊稼和稻田；原來，現今的羅斯福路二段以上，那時都是一片田地。當時我們感覺到是在向著烏雲

密佈、雷聲隆隆的山區跑，真擔心在半路上大雨臨頭，會弄得三人一齊病倒。幸好一路上只聽到雷聲響，未見雨下來。

　　傍晚前到達了台大的學生宿舍區，因為暑假期間，既看不到辦公人員，也見不到宿舍的負責人，在整棟房子裡，好不容易找到一位有家未歸的住宿同學；經他指點，我們可任意找間合適的暫時住下。我們逐間看了一下，有的榻榻米被割破得支離破碎，有的在原住人離開時撒了屎或尿（至今還無法理解當時是個什麼風俗）。當晚我們就在這個無人管理的宿舍裡住了下來餵蚊子。

　　當晚吃飯是怎麼解決的，因為時已久不復記憶，只記得第二天早上要找碗稀飯給病中的忠權兄吃，可費煞了週章；一來因為暑假期間，附近根本找不到有賣早餐的飲食店，二來因為語言不通，無法說明什麼是「稀飯」；再說，即使找到民宅，發現他們為了好幹活，早上吃的多是乾飯。最後找到一個家庭，他們總算弄懂了我們的來意，很熱心地用乾飯泡水再煮敖成一滿漱口杯（搪瓷的，很大）「稀」飯。

　　那天，蔚文兄按圖索驥，找到一位在台北電報局任職的小同鄉，許先生；他很熱心地招呼我們，當晚還請我們到中山堂看了一場，現在已經記不起什麼名字的話劇。在此時此地，這種遭遇下能見到許先生，猶如在茫茫大海中見到一片綠地一樣興奮；他不只請我們吃頓飯看場戲，他還告訴我們許多未曾想到過的事物，尤其當

他對我們做出「以後隨時可找他」的允諾時，我們從心底裡發出的激動與踏實的安全感，實在不是用言詞所能形容的。

大概是在台北的第三天，得到全線通車的消息，三人就漏夜趕車南下；乘的是那一班車已無法記憶，不過依稀記得我們坐的是三等慢車；自台北到台南一共花了約摸十二三個小時，從黑夜到次日午後，一路昏昏沉沉，經過的站叫什麼名字，它的地理位置如何，都沒有什麼概念，也不可能知道它；不過在黑夜裡突然感覺有段時間火車倒開了起來，倒有點令人驚惶失措，忐忑不安；但當時又奈何不得，只能任憑擺佈。

從台南站坐人力車到達學校，已經是午後時分；第一件事當然是要找到我的 SPONSOR 程教授，想先落下腳來再說；豈料一經詢問，程教授剛於前幾天回上海去了，何時回來不得而知；雖然他曾告知有關人員說我們會到；但並未交代要將他宿舍讓我們暫住。這下可將我們拋入霧裡雲中，急得不知所措。幸好教務處有位吳先生，他人好而很熱心，同時能說「北京話」，在他的張羅之下，將我們安置在學校附近一間叫鯤魚身的客棧裡，等待參加兩三天後即將舉行的入學考試。

程教授與我們在上海到台灣的路上失之交臂，他萬萬沒有想到，對三個從未出過遠們的大小孩，造成多大的衝擊與困擾。我們本來由於有他做靠山，想參加入學考試後，就等待開學念書了（因為即使考不好，還有「先

修班」可念）；所以一切計劃，無論是經濟來源，甚至行裝配備方面，都是依照「即將待下」的打算所訂定的。現在既然計劃被破壞，而且所帶盤纏因風災受阻，而有了匱乏之虞，只好立即做出不如歸的打算。

就在考試前夕，經過詳細研討，進而沙盤推演，加上路程與船期的考量，非得於考試的最後一天下午，經過最後一堂體檢，立即離開台南乘火車北上不可。

唯恐臨時因客滿而上不了船，所以早兩天去到台灣航運公司的台南辦事處準備預購三張船票。但經船公司告稱，在台南，預售的只有二等票；而我們所剩的錢，只夠購買三張三等以下的票；迫於無奈，只好先定下二張二等票，預備到了基隆，用兩張票以夾帶的方式「偷渡」上船，然後等查票時，其中一人在甲板上以很便宜的價錢補一張四等票。

考試的最後一天下午，商得醫務室的莊醫生同意，提前為我們三人作體檢；最後一關是驗「色盲」；忠權兄是色盲，當莊醫生逐頁翻開讓他識別時，他並不分辨得出是紅是綠，但他用上海話亂講一通；莊醫生既不會說北京話，更不懂上海話，他看忠權兄答得如此有自信的樣子，以為一定是沒有錯，好像是放他過關了。

我們來不及看什麼結果，三人立即返回靠近車站的旅社，拎了已經收拾好的行李，直奔車站趕上了預計的班車；第二天早晨車到基隆，趕赴碼頭，那台航班輪已經生火待發，等我們登輪不久，它就鳴笛起錨了。當我

們抵達上海時，我們身上所剩的只有回家的車錢了。

　　回到上海，我們不約而同地將此事拋諸腦後，而預備各奔前程去投考其他學校了，但不久接到那時已經轉往國立同濟大學任教的程教授消息說，我們已經以很高的名次被錄取，於是我們三人又重整裝備再度出發。但萬萬沒想到從此與家人一隔就是四十年，不勝唏噓！

慶校慶　暹羅行

（一）

> 母校育我慈恩深，無時無刻不念情
> 茲值卒業五十載，七十誕辰當致慶
> 精打細算多躊躇，一舉兩得終成行

因為我長大成人在成大，對她有股賽似慈母的恩情；爾今欣逢她七十壽慶，而世界校友會又要在近在咫尺的高雄舉辦第三屆嘉年華會，我早就有恭逢其盛的強烈意願。尤其令我特別激情的是我今年畢業五十週年，自以為在光復後的半個世紀多一點的校史裡，我們這群已成為倖存的稀有「老」校友，應有其重要地位；現在既然校慶來臨，理所當然應該回去共襄盛舉。但對我倆退休老人而言，單只為參加校慶而專程回台的「豪舉」，似乎需要精打細算一番；同時對於長途旅行，也因年老體衰而有點小生怕怕；所以一直以來，雖有強烈意念，卻未敢貿然採取報名行動。

在十月的校友會年會裡，也是校友的另一半，張寧聽聞新會長當選人程家祥兄說，要趁回台參加校慶之

便，先去到泰國一遊；並告知，依據旅行社的廣告推算，六天五夜的「媚力激賞」「泰國風情」遊，其費用只比「單」去參加校慶多上美金兩百元左右即可云云。她得悉之後，大為興奮，回得家來立即共商大計，並著手重擬計劃。

　　泰國，在二三十年前我曾先後因公去過兩次，在她，泰國遊卻是多年來的心願。既有此「一舉兩得」的機會使她心動，她就心動不如行動，立即和新當選會長聯繫上。雖然我還有些為這筆額外開支而躊躇，但為要一了她的夙願，加上我潛在已久的意念因此迸發，也就欣然採取行動，即刻和籌組回校慶祝團的團長鄭恆壽兄洽商，試探是否還（因報名早已截止）可以插隊參加。恆壽兄雖有為難之處（名單早已敲定並已報到高雄），他仍熱心地漏夜以依媚兒與高雄方面聯繫，幾經情商，終於將我倆安頓妥當。同時也為臨時決定要與我們同行的蔡光新兄在高雄定妥飯店。於是，我們五人（程家祥、張淑卿伉儷、蔡光新兄和愚夫婦倆），在程家祥統領之下形成了一個泰國旅遊團。在此還要特別謝謝恆壽兄的成全。

（二）

> 校慶之前暹羅行，泰國旅遊生意興
> 泰國浴來人妖秀，享譽國際負盛名
> 要疏筋骨馬殺雞，殺手手髒感噁心

歌舞表演兩場看，藝妓皆是男兒身

湄南河遊觀美景，上得岸來遇妖精

　　泰國，古稱暹羅，位於亞洲東南部印度支那半島；以產象被稱為白象國，又以全民普信佛教衣黃衣，故又稱黃袍國。因其開發之觀光資源豐富，國人多喜歡前往旅遊；先是港台旅客較多，近年大陸遊客也在逐漸增加。

　　我們一行在十一月四日中午十二半飛抵曼谷，在路上花了大約三個多小時到達行程中的第一個旅遊區，芭達雅（PATTAYA）。住進 ROYAL PALACE HOTEL，稍作梳洗後，因時間尚早，就在張淑卿建議下，自掏腰包請導遊帶我們去馬殺雞，開始了我們泰國遊的第一個節目。

　　泰國浴和泰國按摩，都有「純」與「不純」的區別，且都帶有幾分神祕色彩；所以這兩項向來都是泰國旅遊界共負盛名的 PRODUCTS；不過我們去的卻是純道地的「古式按摩」。

　　我們被領到樓上一間有十來個用布簾相隔的舖位的通艙，在每個人的女殺手指令下，各自寬衣解帶換上他們的衣服，趴下來任她蹂躪；經過將近兩小時的「揉」「凌」，大家都異口同聲大呼過癮，說是疏了筋骨；我雖然並不覺得怎麼樣，但為了不要掃大家的興，也跟著大喊痛快。

　　按照程序，先從腳底循序而上按摩到頭部為止。一開始，在旅途中悶了兩天的臭腳丫趾經她頻頻搓揉，的

確是快活賽神仙的一樂也；但當意識到那沾滿我腳椏裡臭粘液的雙手，正在由下而上向我全身佈施，實在使向有潔僻的我不敢領教。按摩到頭部，明知其原汁已被全身揩盡，但當她雙手接近我五官時，還是覺得其餘味猶存，而不由自主地有些反胃作嘔。尤其當想到那殺手也許在我之前才宰罷比我更髒更臭的別人，簡直頭皮發麻而再也不敢有第二回了。

　　晚餐後時間尚早，也沒有預定節目，又以自行付帳方式請導遊帶去看秀。起先我並未弄清楚要看的是什麼，門口寫的是 PP SHOW，但不知其葫蘆裡賣的是什麼藥，然抱著既來之則看之的態度進去瞧過究竟。等看到將近一半才曉得，我們正在看的竟是名聞遐邇、泰國另一個獨樹一幟的旅遊賣點，人妖秀。

　　那個秀場像極當年位在南昌街的公賣局球場，連大小都相若；四面是水泥看台，表演的舞台則在球場的中央。不對號不清場，我們憑票進去，第一個在玻璃碎片上踩、躺，而純屬「男」人的表演已經進行到一半。在喧天的鑼鼓聲中接著要上的是第二個節目，一群燕瘦環肥、身著霓裳舞衣、婀娜多姿的美女從看台後方魚貫而上，在夾雜著生硬華語（有時還加上台語）發音的報幕聲中翩翩起舞。她們邊跳邊脫，先是褪去上衣露出豐滿霸波，當繼續剝光而三點全露時，在以我同胞居多的看台上會報以掌聲和叫聲。接著舞娘們赤裸著身軀，在台上做些令人想入非非的猥褻動作；時而抱著鋼管擺動，

時而騎著木馬起伏，有時還會挑逗觀眾上台相依共舞。

　　這大概就是在台時只聽說卻從未見識過的所謂的鋼管秀、牛肉場吧；在台上跳的固然俗不可耐得令人倒胃，台下同胞們的熱烈反應，或被欽點上台共演而那股得意相也叫人臉紅。當眼見舞者都屬男兒身時，就連我這個假道學也覺得噁心，且為這些另類"人"感嘆不已。

　　在這段節目中的舞者顯然都是閹割過的變性人，從往下的幾個節目中還可以看到，那些秀色可餐的「美女」露出第三點時，只見那命根子還在隨著舞姿晃盪。到最後出場的是一批扭捏作態的嫵媚舞娘，當「她」們脫得一絲不掛時，竟然發現都是陰陽俱備的雙性人。

　　這場表露人類奇異面的秀，固然令人看了啼笑皆非；但它卻給了你一部百聞不如一見，有關「人妖」且是「大全」的「知庫」，倒也可說是值回票價、不虛此行了。

　　這場表露人類奇異面的秀，固然令人看了啼笑皆非；但它卻給了你一部百聞不如一見，有關「人妖」且是「大全」的「知庫」，倒也可說是值回票價、不虛此行了。

　　「人妖秀」是到泰國旅遊的必有行程之一，但頭一天所看的卻並未排在行程中，因為它只是一場額外的、低俗的牛肉場秀。真正排在行程中的是第二天所「欣賞」的「世界著名人妖表演」，那是在歌劇院上演、且略具

藝術水準的表演。舞者都很標緻漂亮而楚楚動人，有些真是細柔白嫩，腰細乳隆，令人垂涎的可人兒。「她」們只作歌舞表演而不脫，如果沒人提示，還真不知親眼看到的竟是一場純男人的表演。散場時眾美人都穿著舞衣出來列隊送客，並供人有賞合影；其中一位特別討人喜愛，得到的"賞"幾乎用手拿不下。我倆也情不自禁，經「她」同意摟著「她」的柳腰，請家祥兄為我們拍下一張三人合照；回來洗出示人，見者都肯定說，這是我們在一位漂亮晚輩的婚禮上所照。

有人懷疑，這麼多「美人」當中會不會有女性夾在當中混吃的？導遊答得乾脆：在這兩場秀中，你看到的男的就是男的，所見到的女的也是男的，那就是名聞於世的泰國人妖，如有攙水，包退還洋。同時據他說，在泰國人口中，男人只佔四成半，而其中是人妖或有人妖傾向的佔了百分之十五之多；問何以如此之眾多，他答說，天生性器官不健全或陰陽人而變性的有之，原屬男兒身，後因傾向女性而要求去勢變性者也有之。至於為何有男兒願以閹割而變為女性者，導遊說多是出於「心理變態」之故，而在泰國有此心理變態的男人還真不少云云。還有，在泰國無論男女，皮膚都呈黝黑，「她」們也是泰國出生，卻何以如此白皙？導遊解釋說，當他們一有「女性」傾向後，就開始儘量避免暴光，更不讓日晒，所以「她」們過的都是夜生活，這也就是在夜晚才「遇妖」的緣故……。聽了以後真不知應該如何理出

一個合理的思維來解釋這些可憐的同類 ——
"人"？！

　　我第三次遇妖也就是在晚間，那天乘豪華景觀船遊
罷湄南河上岸，同伴們都到路旁商店購物，只剩老朽我
一人在徒步街上張望賞夜景；遠遠看到兩三個「她」正
為下一班遊船攬客（我們乘的那班因為時間尚早，在船
上尚無人妖侍候，而只享受晚餐和跳舞），其中一個又
高又大，臉上塗滿胭脂花粉，一看便知原是男兒身的，
突然打從老遠欺向我來，「她」口喊"阿伯"而雙手張
開要來抱我，我給這突如其來的侵襲，張惶失措大喊啊
呀一聲，將她也嚇了一跳；她見我一臉狐疑（為什麼會
找上我這遐齡阿伯），連忙向我解釋她是人妖；還怕我
不信，居然當街拉開鬆緊腰帶要讓我看個究竟；我怕患
上偷針眼，轉身就往商店躲逃，她卻亦步亦趨追趕進
來；要不是我太太在，不知那天晚上會有怎麼樣的結
局？實在不敢遐思！

　　原來旅行社按排的行程，在泰國會有六天五夜，預
定十一月八號抵達高雄下機住進漢來大飯店。孰料在動
身前兩天，突然接旅行社通知說原定十一月一日起飛的
華航班機取消，要我們決定提早一天或是延遲一天動
身；經商量結果，一致同意以延遲一天為上選。當然必
須縮短一天在泰國的旅遊行程，以能配合在高雄的原定
計劃；這樣可省掉許多因臨時變更所引起的麻煩。

校慶之前暹羅行，湄公河畔遇妖精

白象國裡大象坐，古式按摩舒骨筋
佛教普及黃袍國，歌舞藝妓男兒身
天空海底任遨遊，焉能說是虛此行

慶校慶　南臺行

　　時間過得真快，會長又來催稿了。在電話裡我猶豫要寫什麼好，會長提醒我，我的「慶校慶、暹羅行」似乎還沒有寫完，令我想起在高雄、台南的我見我聞，尚可作為其他學長大作之補充。

　　有關在南台灣幾天活動的報導，都已有鄭恆壽、湯立恆等諸兄以生輝的妙筆翔實描繪，而令未與我等同行者讀來都覺得嚮往不已。而我現在所要「補」充者，則多是我個人的見聞與感受，也許會讓人對我產生一個「老蕃癲」的印象。

　　先讓我從泰國曼谷抵達高雄小港機場說起。

一廂情願乘無車

　　那天我們一行五人盡興遊罷暹邏，帶著疲乏的身軀卻無比興奮的心情，在深夜飛抵闊別已久的南台灣，下得機來一切順利出了關。我們五人中有大紐約區校友會的前後任兩位會長和兩位年逾古稀（其中我是特為慶祝自身畢業五十週年而回）的「老」校友，雖然足可受得起「接機」禮遇，但不曾有此奢望，何況也未向主辦單

位有個此一「上奏」。自然，要如何到達旅館，只得仰
賴漢來飯店的服務。好不容易找到了漢來的司機老爺，
相詢之下，才知道我們並不在他「要接的名單」之內，
要我們自行設法，連打個電話向漢來交涉一下的意願都
沒有。程會長緊急聯繫卻仍無頭緒，司機老爺見我們走
頭無路，大發慈悲前來說他的車尚有三個空位容我們搭
乘。五人小組緊急會議決定，愚夫婦與光新兄乘漢來車
先行，會長伉儷則隨後雇計程車來到。當時講好計程車
車資由三家分擔，家祥兄為怕我們裹足不前，還信誓旦
旦說「這筆帳」一定要跟我們「算」清楚的，可是到現
在他還沒給我們有清理「債務」的機會，真不知道這位
從事貸款事業的專家，將要怎麼樣清算我們的利息？

寶島行路自求福

　　第二天一早，為要解決在泰國被我摔壞的照相機問
題，和老伴去逛漢來飯店附近的大街；沒想到一踏上一
條寬闊、繁華的馬路，令我對謝長廷的惡劣印象，轉了
一個一百八十度的彎，從心裡發出讚嘆。太座在前面走
著，不料我嘴裡 WONDERFUL 還沒說完，不由自主地
向前蹼下；她突然覺得我沒有了聲音，回頭一看，只見
我著著實實來個五體投地，正扒在那裡狗吃屎；她急忙
回身想把我扶起，可是一方面我身價太重她拉不動，另
一方面我是實在已動彈不得，需要就地「舒坦」一番。
此時在騎樓下坐著擺龍門陣，或設攤做生意的，都坐在

那裡對我發出同情、「慈悲的忠告」，叫我「以後」走路要小心‥。親愛的在美國住慣的校友們也要小心哦！請別忘了美麗寶島城市騎樓下的「人行」道，還是和一個甲子前一樣，每個店面高低都是自定標準的；公有或共有段帶之高矮更是沒人過問。尤其要注意的是，如你不小心跌了跤，在祖國不像在美國是可以告政府的。所以我們這批假洋鬼子出門在祖國只有自求多福了。

我的角色路人甲

以我個人年紀、身體、乃至經濟條件而言，要出遠門，總不能說走就能走得了的。此番世界成大校友第三屆嘉年華會，要趁在母校成立七十週年校慶前夕在高雄舉辦，因正逢我畢業五十週年，而我對母校有深厚的特殊感情，同時老伴也是比我低一屆的「老」校友，所以毫不遲疑地在頭一年就盤算著要不辭辛勞，遠渡重洋去參加這一畢生難再的盛會。

我年逾古稀，且已畢業整整半個世紀，在當天的校友會中，雖然不是唯我獨老，但應該已屬於「稀有族群」。本來我想既是校友會，在諸校友中論輩份，像我等既達某個特殊階段（剛正好畢業五十週年）的稀有動物，總會被唱出名來亮個相，以示承先啟後而敬老的傳統美德。可是不幸我們只在這幕熱鬧非凡的活劇中當了個來自紐約街頭的「路人甲」的角色，大有我這張「老」熱面孔，長途跋涉跑了去，只是貼了一下冷屁股的感覺。

自作多情討沒趣

在嘉年華會中，因爲節目多、時間短，像我們這等沒有「成就」的老人之硬擠上個「路人甲」的脚色，已經算是拜了因爲我曾是貨真價實的校友之福，要「賣老」，只好寄望於第二天在母校的校慶會上了。　既是母校的七十整壽校慶，我原想，我們畢業整整五十年的老校友，在慶祝會上應該有個把代表上去致它一個辭什麼的；因爲，雖然像我等不曾有過多大出息，但在整個校「史」上卻還是有他一席地位的；試想要不是當年在「大禮堂」（後來改稱小禮堂乃至現稱的格致堂）有我們的驪歌初動，今天的成大校史就肯定是另一種寫法。我之特別強調對畢業「五十」週年者要有所「禮遇」，或許有人要說我是出於自私，其實我是說，「五十」是個半百的大整數，一個畢業了半世紀還健在且能到場參加母校校慶會的到底爲數不多了。假使母校能在慶祝大會上不將他們忘記而讓他們亮個相，他們會感到母校的溫馨，而在兒孫面前亦可更大聲去「話當年」；同時對後期，尤其在校同學，亦富相當教育意義；可惜這次籌備會並沒有這樣的安排，只給我們這些老阿伯（那時還沒有畢業的女生）們一個地方，讓已經爲數不多卻互相不敢相認的「大家」去各說各話一番。我，抱著十分的熱誠去慶校慶的「多情種子」，對成千上萬來慶祝校慶的「校友」們，能認識的又沒有幾人，處於這種氣氛上，

在整個慶祝會中，我夫婦兩付出了對母校的感情、金錢和精力，終於一個當上了「路人甲」，一個當上了「路人乙」。難怪別人說我是，自作多情自討沒趣。

慶校慶　南臺行（二）

「路人甲」的自白

在烤肉大會時，不止一人問我，在上一期中我所說的「路人甲」是什麼意思，使我十分詫異；但我也意識到這幾位校友，一定是用功讀書而很少看，甚至根本沒有看過話劇、電影、或電視劇的乖寶寶；至少，他們從來沒注意過所演出的戲劇當中的 CAST，也就是所謂卡斯 ── 「演員表」。

通常我們從一齣戲劇的「演員表」中可以看出，什麼人飾演什麼角色，凡參加演出的都會榜上有名，排名次序則以角色重、輕依序由上而下；主角當然排在前頭，配角次之。如戲中有街頭景象，還會有路人行走。在行人中凡由劇務所安排，而在鏡頭前可以分辨得出來，或有個市井小民的動作，或出點聲音的，在演員表中就被列名為「路人」；如果有二人，則一名為「路人甲」，另一則名為「路人乙」；不是由劇務所按排的路人，則是不予列名的群眾。

在一般所謂文明戲劇中列名的「路人」，他的重要

性正好像京戲中的跑龍套。其實，我在這次「慶校慶」這齣大戲中，自命爲「路人甲」還是高抬了自已，充其量只能算是個「群眾之一」。因爲在整個演出中，有我與否並不重要，也沒人知道我的存在。用自己的照相機請熟人照幾張以校慶舞台做背景的相，只是想回來後選來做聖誕卡，以向親朋好友炫耀我曾遠渡重洋不辭辛勞到那裡一遊過。

在上一期通訊中我挖空心思用「路人甲」來描繪我在這趟校友會中所被派的角色，爲的是希望後來者能體會到「老人」的感受與期艾；孰料，登出後居然有人不瞭解「路人甲」的寓意，使我十分的鬱卒，而頗有措折感。原來我是想藉「路人甲」的名義將我憋了一肚子的鳥氣放它個舒暢，誰知道聞者並未覺得其臭，而只覺得它是一種莫名的異味而已，豈不叫我更爲悶倒？

讀者既然不明其意，當然無法領悟、體認到「路人甲」的真諦。我不怪這些乖寶寶，他們的確 PURE 得可愛；我現在再次藉機「自白」，是希望本刊上達天庭的時候，也能讓天官天將能聞到「路人甲」的鳥氣之臭。

校「友」不「友」善

幾屆世界成大校友嘉年華會開下來，有目共睹的是旅居馬來西亞的校友們對母校的熱愛，表現得最爲誠摯、感人。這次也不例外，以來自島外的代表而言，他們的團最大，情緒最爲高昂。他們多數是當年回國求學

的僑生，學成回僑居地後，在諸多的打壓、歧視，（例如，當地有些單位不承認我校學歷）之下，堅苦奮鬥，在那裡成家立業。在那裡的校友都很團結、互助，均以身為成大校友為榮，對母校的感情，尤可不言而喻。這次嘉年華會要在與母校咫尺之距的高雄盛大舉行，他們有的帶著老婆孩子前來參加此一盛會，為的是第二天慶校慶時，可向太太和兒女們炫耀他當年所苦讀的母校是何等偉大。

這次母校七十壽慶大體上開得有聲有色，在校史編纂大老爺筆下大可歌功頌德一番，但對某個來自馬來西亞的校友卻留下個不可磨滅的惡劣印象，也帶回一個疑問號？這個故事是他在校慶成大之夜晚「宴」上所發生的。那天我們大家所享用的「宴席」是主辦單位精心安排的傑作，他們將台南所有有名的路邊攤，請到了母校的水工試驗所為大家製作道地的台南風味小吃，這種別出心裁的安排，讓大家回到了當年，當然博得了大家會心的一笑。

在每一桌每個座位前都放了一瓶汽水，它是已經半世紀不見的「彈珠」式的瓶裝汽水，年紀稍輕的校友沒見過，僑生們，尤其來得稍晚的僑生更是沒有見過，當然也不知道如何開來飲用；當著老婆孩子正尷尬的時候，有位校友順手為他打開了。當他向那位幫忙的校友道謝時，一位原先很不友善搶他位子的校友帶著奇異眼光諷刺地問他「你是中國來的？」，他經此一問，真不

知如何回答是好？這問題實在問得太「高深」，害他一夜沒能好睡。第二天早上在高雄漢來飯店吃退房前的一頓早餐時，他說出這樣一個故事，最後還加了一句「我看以後也不要再來了」。

　　我是畢業了半個世紀，也是從中國來的老校友，除了幫他罵一句國罵三字經外，還能說什麼？除非我也以後「不再來了」，但是我辦不到，因為我對母校的感情實在太深了。

當我們「又」同在一起

　　這次母校「工學院」時代「老」校友之 2002 年 RE-UNION，大家的心情和去年初在 LAS VEGAS 相聚一樣興奮、激動、珍惜，和下次「再見」早日到來的盼望。當然也有許多與上次不同的新鮮感，譬如說：這次時間選在金秋，這是美東最佳的旅遊季節，尤其在紐約上州賞楓之旅更是正得其時。至於地點選在和紐約市僅一河之隔的 MARRIOT HOTEL，刻意讓一些從來沒有到過，或難得來到紐約的老朋友們，除了能北上欣賞到瞬息萬變、絢麗燦爛的楓葉外，還可驅車進城飽覽此世界之都一趟；其間可到先民們被關過的艾利斯島留下到此一遊的紀念，也到 GROUND ZERO 憑弔被夷為平地剛滿一年的世界地標雙子星世貿大樓遺蹟。

　　今年參加的有許多是去年見過面的，少了一些去年見過面而今年沒能來的，卻添上若干別後首次重逢的，減減加加今年聚會的倒也總有七十位上下，不比去年少。

　　孫秀英學姐還是像去年一樣遠從台灣趕到，今年遠道而來的還有孫夢書學長，有人戲言今年從台北來了二

孫；因為他們不遠萬里而來，莫不熱烈鼓掌表示歡迎之意。孫夢書兄坐著輪椅，由其晚輩孫經理侍候著長途跋涉而來尤為感人。他帶來數十聽台灣高山茶作為抽獎獎品，愚夫婦先後抽得兩份，回家品茗起來特別覺得甘美，我想是其中含有這份校友情的「味精」關係。

十月十八日是聚會的第一天，晚筵在落腳的飯店舉行；為了怕飯後場面不易控制，就在開席前要大家乖乖地排排坐照相，並暫留原位依序留下芳名，好讓將來對「照」「認親」方便。

大會並無儀式，也沒有主席，但有位公認的台北名嘴 MC 陳載衍學長，由他主導著餐會的進行。一開始由勞苦功高的爐主宋安華兄講話；他歡迎並感謝大家的熱誠與會，接著唱名感謝各位為籌備會勞力又勞心的學長們；對於他自己付出的辛勞卻謙虛地連聲說「應該，應該」。

當陳載衍說到一位級別比較高的楊家琪學長，像去年一樣說好要來而又沒有來成；他之今年再度缺席，其原因有健康上的問題，有交通上的問題，主要的是有隻「小狗」為要繼續當老大而極力勸阻了他，以使他打了退堂鼓……，此時席間突然有人大喊冤枉，大家應聲轉頭望來，發現喊冤者居然是在下，我。有去年沒有參加者好生奇怪問我，怎麼會對「狗」號而入座？殊不知我在成大擁有「小狗」榮銜，已有五十二個年頭，去年在賭城相聚時曾為此做過自白。

　　那是在工學院時代，那年話劇團演出《萬世師表》，因劇情需要，在幕後必需有狗叫聲，導演將此配音指定由在下我用口技代之。當我應劇情需要一聲吠出，引起正陷於悲壯沉悶氣氛中的滿座觀眾突然鬨堂大笑。他們笑的並不是我的口技精湛，而是沒有想到我的叫聲引起正遊蕩在禮堂外的同類朋友們的同聲回應吠聲四起。從此「小狗」美名就被註於成大史冊矣。

　　我此番之所以到最後才決定排除一切障礙，參加「老朋友」們的聚會，因為在參加者最後的名單中，發現好幾位多年來一直想見而總失之交臂的老朋友，如果再錯失這次機會，又不知要何時再見了；到底大家多已年近，甚或已年逾古稀，且垂垂老矣！

　　雖說這次聚會只限於與「工學院」沾到邊的諸兄姐，但到場的也倒有從 1951 到 1958 八屆之多；因為還是輪到我算最「老」（比我高二屆的楊家琪兄又膽怯未來），且是唯我「獨」「老」，所以能認識的人不多，叫得出的更少。不過其中我熟識而可順口呼出大名的「老」友中，倒有三位周祠同宗，有周瑞謙、周汝劭和周毓治，加上在下自己，一桌麻將即可成局。我與他們三位雖常有聯繫，但都是多年想見卻始終未能謀面，現在各位宗兄在此相聚，實是一大樂事！

　　環顧四「周」，在校的期別，因為只有我的畢業證書為王石安先生所頒發，當然數我最高，可是在這次宗親會中宗長一席卻是周瑞謙而不是我。他今年「芳」齡

七十有八，非但周氏宗親會他是宗長，在整個與會的七十位兄姐中也只好讓他賣個「老」帳。

次日的晚宴設在一家中國餐館，因係汝劭兄所定，只有他知道如何去法，所以到晚間就由他指引著由賞楓回來的大巴士，浩浩蕩蕩開到那叫 PEIKING DUCK 的餐館吃了一頓唐餐。在席間有人滔滔不絕地數說著那賞楓之旅是如何愉快如何值得，叫我們未能同行的人在旁聽了真是悔不當初！尤其當他說到：車開至原定計劃之一的大熊山，因無停車位而不得其門而入，臨時由朱兆凡伉儷建議到 IBM 大本營 POUGHKEEPSIE 去用午餐；由於普城是他們的地盤，這頓屬於一級棒的自助餐全由他們盡地主之誼了。大家吃了一頓天下難得的「白吃的午餐」當然樂不可支，叫我們更要垂涎三尺的，是這頓豐盛美餐讓個個人頰齒留香回味無窮。起先我不知其道理何在，日前從安華兄電話裡才知道，原來這些來自內陸的仁兄仁姐都已久未聞其腥，一見如此多的海鮮可任意取食，當然餐盤裡就沒有了可容納其他菜色的空間了。這樣一輪二輪甚至三四輪都是游水的「純」海鮮自助大餐，加上店東為兆凡兄嫂招待貴賓而現時特製的精美粵式點心，難怪個個吃得肚滿腸肥，而回來還說得口沫橫飛。

第三天，也是有活動節目的最後一天；白天是紐約一日遊，我因貪睡也沒有參加，倒是老伴張寧臨時加入了陣營，陪老友去逛了一遭，也到 GROUND ZERO 憑

弔了一番。這天的晚宴也是在 MARRIOT HOTEL 舉行，因為那是最後一頓大家在一起享用的晚餐，所以這次的聚合也算是惜別晚會。由於陳載衍兄提早離開，今天的ＭＣ是由爐主安華兄和范又陵兄隨機輪流說、學、逗、唱，也將會場挑旺得欲罷不能。

天下沒有不散的筵席，雖然大家依依不捨，但終究還是要說「再見」的。要道「再見」之前必然的話題是，何時再見？再見在何處？下次的「爐主」又該誰屬？先決定了由北加州地區主辦，當推舉爐主時，有人提議請該地區的龍中軍兄出馬，大家鼓掌附議，他也頻頻鼓掌稱好，於是就「全數」一致通過。當要他發表當選感言時，他才發現自己已莫名其妙的榮登寶座；此時大家也才發現原來他有些許耳背，所以才跟著大家的熱烈掌聲，為自己投下神聖的一票。我們正為欺侮了他耳「聾」而感到有絲歉意時，「龍」兄卻欣然起來發表了他的施政大綱，說出他臨時想起的構思：關於時間，既然大家認為相隔時間兩年太長一年又太倉促，就選在後年(2004)年的開春以後比較合適；至於地點，他認為來一次CRUISE 也不壞，這樣可以強使大家有多點時間在郵輪上擺龍門陣、話當年……。其它細節作業則由他去辛苦了。

像去年一樣，因怕催淚，沒有人提議高唱驪歌，但見大家擁抱、握別，互道珍重並相約一年半後在郵輪上再歡唱「當我們同在一起」之歌。

我能進的桃花源你肯定也能

　　世副在 11 月份「徵"我的桃花源"文」的啓事中，主編給了大家一個寫作的指引：

　　「拋棄功名利祿歸隱田園的陶淵明曾寫下了（桃花源記），記述一個與世無爭的人間樂土。現代社會中，許多人亦有心嚮往之的桃花源，一個遠避塵俗、安居身心之地，也許是一種蟄居山林的質樸生活，也許是一項開闊你生命向度的情趣或沉湎。文學、書畫、創作、園藝、旅行……心中的桃花源，各人不盡相同，卻都埋藏著通往美好生活的幸福之鑰。」

　　在現代社會中，這篇"指引"給退休或將退休，而正在作退休生涯規劃的朋友們一個特別適時的重大啓示和導引。

　　我們人，爲了基本人權要求—生存，在滾滾紅塵中不惜爾虞我詐追求功名利祿一輩子，一旦到了即將被這個社會遺忘時，就想找個安居身心之地，以頤享天年。

　　有人退休下來，生活立即失去重心而整天哀聲嘆氣，等待天使來接回天家去。平時酷愛雀戰而總嫌工餘時間不夠的朋友，一旦卸下工作，麻將俱樂部就變成他

的 "桃花源"。也有從此拿舞廳當成桃花源者，他的家，反而就此變成每天深夜回去睡覺的客棧。當然，大多數的退休者都會找到這篇 "指引" 中，所指的一個或幾個自認為的「桃花源」，我就是其中之一。

二十六七年前，我雖然正當日麗中天，卻發現那可愛、當年建設也有我份的社會，漸漸使我覺得已經有了前途無「亮」的壓力；於是就急流勇退，在年齡剛到達退休資格的當年、當月黯然說聲再見，而後來到了美國。

縱然在台灣辦理了「退休」手續，但年齡尚輕，還有一段漫長的歲月要過，同時領得的區區退休金，不能容我在這大千世界裡坐吃山空充當一天寓公，所以來到不久就又重新投入職場，繼續為一家五口的生活拼搏。因而這第一次的「退休」毫無解甲歸隱的感受，當然也不會有心思去想到「桃花源」。

到二十來年前，將近花甲之年，我仍在聯邦郵政機構擔任高級技術員；因為工作環境特殊，上班時，只需聽候無線電呼叫、差遣，大部份時間都坐在工場角落無所事事而極度無聊。一天偶然發覺預期發呆空耗，不如利用候工時間寫些個人的過去、現在、與將來，於是就開始伏在工具箱上學習塗鴉鴉。

在小學、中學乃至大學裡，最害怕的是「作文課」，如今要一個自初中起就學習工科且從事技術工作大半輩子的我來寫「文章」，那支禿筆足有千斤之重。然而，雖然對我如此困難，我卻沒有退卻，因為當時我也已經

在想要為不久將來再次退休的生涯作規劃；所以就鼓起勇氣興起自我學習寫作的念頭，以免將來掉入拿麻將俱樂部或舞廳當作桃花源的陷阱裡去。因而，時至 1995 年正式退休時，在我預選的田園裡已經學習耕耘好一陣子。尤其，在當我自己發展出來的中文電腦輸入法能以實用後，退休時我已自由自在地在電腦裡「寫」了數以十萬計的方塊字。

　　我的「學寫」與當年在台灣一位目不識丁、卻無師自通的民俗畫家洪通之「學畫」有異曲同工之妙。起初我用僅識得的幾個方塊大字，在紙上堆砌寫成句子，經再三反覆修改而串成段落，而後整合起來變成一篇能說明或人、或事、或物的「文章」。

　　寫文章，對一位善於作文的人來說，是件輕而易舉的事，然而對一向與技術工作為伍的黑手（在台灣對從事技術工作者之暱稱），卻是頭等難事。

　　那個時候既已進得桃花源，就笨手笨腳開始在田園裡學習耕耘；起先以「海外通訊」方式試向國內刊物投稿，繼而就陸續在本地社區報刊試啼，不久居然在一些園地裡見到了我辛苦試種出來的作物。不論其優良與否，能受到肯定就足以使我高興得難以自制。

　　我的桃花源就是我學習寫作的園地，當田園裡的莊稼逐漸受到肯定，我對這塊田園越加珍惜。它可以讓我栽種自己喜歡的作物，也讓我像小鳥一般在這領域裡自由歌唱、翱翔；只要能使我自己身心舒暢，我就可以隨

心所欲地寫出自己的心聲。

　　我在這塊田園裡辛勤筆耕，在將近二十年期間，藉自己開發出的電腦輸入法之助，在電腦磁盤裡已經灌進超過百萬字之譜的文章。

　　我平常寫的作品多以自己「生活過」的題材爲主，最近我用傳記文學方式請台北文史哲出版社出版了一本敘述有關一位飛 U-2 間諜機的空軍英雄的故事（由他口述）書——〈衣冠塚外的我〉，倒也獲得華僑救國聯合總會所頒華文著述佳作獎。我的作品再度受到該會的肯定，感到十分榮幸！

　　這是在我的桃花源田園裡辛勤耕種所結的果子，品嚐起來還真甜美。正在尋求「桃花源」的老朋友們，我能進的你肯定也能，來罷，沒有什麼好遲疑的。

不來該悔

成大前身台灣省立工學院老同學聯歡會側記

不來該悔
成大前身台灣省立工學院老同學聯歡會側記

〈天淨沙〉重聚難
寧海低浪輕嘯，斜陽落霞夕照，燈光人影歡笑，重聚相約，只願來人未少。

〈醉高歌〉念摯友
旁岸林木蒼蒼，海面微波漾漾，「台南的天空」再唱，念摯友心悽愴。

〈撥不斷〉憶常在
憶常在，聚難再，同窗數載情逾倍，歡樂時光去不回，越洋跨海雖疲憊，不來該悔。

註：2007 年 4 月 5 日至 8 日，成功大學前身台南工學院旅美加校友，相聚於美西 PACIFIC GROVE 之 Asilomar Conference Center，台灣赴美與會 者除本人夫婦外，尚有李克讓夫婦，孫夢書父子（按：這次隨伴照顧他的是他 另外的家人），及孫秀瑛。頗多感觸，小

令三首爲之記念。

EE53 沈思義

以上是這次特地遠從台灣來共享盛舉的沈思義兄，出於真摯的情感所寫，卻沒有來得及在會中朗誦的三首詩篇及其「註釋」。

從這些字裡行間可以看得出來，這次聚會參與者都是七老八十的「老同學」，因爲從工學院時代入學而在1958年前（母校1956年改制爲成功大學）畢業者（包括 1940 年起至工學院成立前，日據時代高等工業學校畢業而尚存在者）都應該至少已屆或已逾古稀之年，筆者本人就已經七十又八。在這次聚會中，雖然我的畢業期別最高，但比我年長者卻大有人在。

他那首“〈天淨沙〉重聚難”顯然是他行前所作，也可以看得出他已經不是第一次參加，否則他的一句“願來人「未」少”是拿什麼來作比較的呢？

我們這些旅居在北美的老同學第一次聚會，是2001年在拉斯維加斯；那是由當時在南伊大分別擔任工學院院長和教授的陳柱華、黃漢琳賢伉儷大力所促成。他們之所以有此意念，是因爲在此的前一年全球的成大校友在美國東部大西洋城舉行「嘉年華」會，世界各地的各屆校友們在一起歡度之餘，陳柱華對所到的「老」同學不見幾人，頗有美中不足之憾，尤其令他感傷的是在缺席的老同學當中，竟然已有人成爲永遠的缺席者。他在感慨無奈之下，逐興起他“何不抓住、珍惜現在，讓一

些真正的「老」同學們也能聚集在一起說說「老話」"
的構思。隨後在他感人的號召下，第二年就在拉斯維加
斯有了第一次的聚會。當時與會者包括眷屬共有七十九
人，其中曾經同窗共硯過的有 46 人。因為有了這一成
功的開始，此後每隔一年多就有這樣的一次聚會，今年
這次則是第五次。

　　這一次前來共享盛舉的人數並不比以往少，但在唱
"當我們同在一起"和"台南的天空"時，想起在這幾
年中又有再也不能前來和我們同聲歌唱的，不禁悽然。
思義兄的第二首—"〈醉高歌〉念摯友"詩中的最後一
句——"念摯友心悽愴"讀來真令人不勝唏噓。

　　在這次聚會到的同學有 60 位，包括眷屬在內共有
86 位，為歷次之最。所謂「老同學」，是指 1940 年到
1958 年間畢業的同學。在這次聚會的 60 位同學中卻有
一位 1960 年才畢業於文學院中文系（並非「工學院」）
的小學妹錢寧娜，她之所以能擠入我等「老人」之列，
並不是因為她在紐約社區赫赫有名的關係，而是因為她
是 1958 年建築系畢業的名建築師于同根的眷屬。

　　從台灣來的，除了每次都坐著輪椅必到的孫夢書，
和每趟都專為著同學會特地趕來的孫秀瑛外，還有一位
意想不到的老同學。他是 1952 年機械系畢業，在母校
擔任過系主任、工學院長繼而教務長的李克讓。一位當
年只顧做學問而不多言語的老同學，五十五年後的今天
見到他，發現他當年不是不會講話，而是不講不必要講

的話。看他今天講的話，竟然都是一個學者、教育家、和在老同學們面前所應該說的話。真是多時不見令人刮目相看。陪他同來的太太謝青雯女士是位風姿綽約、多才多藝、秀外慧中的賢德夫人；今天有他們的來到，大家都感到興奮且榮幸。

今年的爐主班子由龍中軍再度領軍，唐一平和陳載衍通力合作所組成。他們三位都曾為前某次或幾次聚會立下過汗馬功勞，此番雖說是重作馮婦，但將近一年來的籌備工作仍然是辛勞備至，謹在此代表大家致上敬意和謝意。當然也要感謝幾位幕後義（常）工英雄。

四天的聯歡聚會，仍然和往常一樣由台北名嘴陳載衍主持提調；他雖是畢業於 1954 年化工系，但對聯歡會的主持，的確有他的一套。他說、學、逗、唱總會叫與會者會心微笑，興趣盎然。下次重聚，司儀一職大概也非他莫屬了。

與會者除我之外個個都是功成名就的，或教育家，或企業家，或科學家或工程專家；在這種場合唯一能讓我不致十分情怯的是，在所有與會者中畢業期別最高者是唯我獨尊；我可以不客氣地不稱別人為「學長」，而當人家喊我一聲「學長」倒也可像阿Q那樣的心安理得受得起。豈料在第一天晚上第一次聚會一開始，陳載衍就宣佈，大家彼此稱兄道弟可以，就是不能在兄、弟、姐、妹或「長」字前面加上一個「學」字，違者要處罰美金二百大元。其用意當然是希望大家回到五十年前在

學校直呼名號的稚真氛圍裡去，那樣會感到更為溫馨；可是如此一來我唯一能有點自豪的「神氣」也就被剝奪殆盡了。

　　陳載衍還在大夥兒自我報名亮相之後，即刻立下了一條規矩，就是在這三四天內同學彼此見面打招呼時，要不看對方的名牌就馬上叫得出對方的名字來，否則也要罰大洋五十。這對老年，尤其像接近有老人癡呆症的我來說，這簡直是種酷刑；弄得我當看到外貌酷似的沈思義沈思禮昆仲二位中的一位時，總要偷瞄一下他的名牌，才敢直呼他的大名，否則一頓牛排餐就要被奪走。

　　三天來的節目排得豐富多彩，除了有 HEARST 古堡和水族館的外遊，在室內也有麻將大戰，不參戰者就三五成群坐在一起擺龍門陣話當年。其間陳載衍又臨時組織起歌詠團，展露他當年在學校時的英雄本色，指揮起十來位女生一展歌喉，唱著許多當年大家都熟悉的悅耳「古」調。當唱起兩首和我們割不斷臍帶關係的"台南的天空"和"榕樹下"時，使凡在大廳活動的老朋友們群情激昂，一齊起來哼唱，恍惚當年在學校嬉戲的光景再現。

　　既有歌就應該有舞，在唱歌之餘，郭瑩喚起大家一齊來活動筋骨，跳舞。她自告奮勇當老師，並任命成大最佳女婿，年逾八十的于善元兄，她的另一半，充當她的助教。起先有板有眼地教大家跳 LINE DANCE，由於大家越跳越起勁，逐漸演變成富有活力的韻律操。郭瑩

又蹦又跳，展出她充滿青春活力的健美身材，那能看得出她在 1952 年就進了工學院的化工系。

三天內籌備會原來安排了兩個專題討論和一個新書介紹節目。第一個專題是陳小石的數位照相的技術與藝術。他的演講配合著幻燈，深入簡出地講得出神入化，聽眾莫不佩服得五體投地，上了一堂拿錢聽不到的課。

第二場是張玉蘭的花卉照相 SLIDE SHOW。她對花卉的拍攝，非但表現出高超的技術，還展露出她高品味的藝術造詣。每張照片都會叫人不由自主地摒氣驚嘆造物主的偉大、神奇與奧秘。可惜因為當時的聲光欠佳，放映出來的效果不盡理想。倒是她出的那本集錦畫冊中的生動畫面，看了更是扣人心弦。

第三場，也是最後一個晚上是由筆者作新書介紹，此書取名為"《衣冠塚外的我》不是英雄是倖存者"，它是敘述一位失落的黑貓—U2 間諜機飛行官的悲壯故事。此書係由故事主人翁張立義先生親自口述，本人執筆。

在以上三個預定的專題之外，還有一段更精彩的 DVD 放映，那是由華裔太空人焦立中的父母焦祖韜、朱青筠（二位是化工系的前後期同學）所提供。從中可以清楚地看到焦立中升空、著地和在太空艙裡生動有趣的活動情景，這是難得分享得到的珍貴鏡頭。我們大開了眼界，同時深為焦祖韜朱青筠兩夫婦培育出這樣一位從

事偉大事業的兒子而驕傲，身為他們的同學也覺得與有榮焉！

　　因為次日一早大家就要陸續各自賦歸，所以第三天晚該是惜別晚會的時刻。在大家說道別之前照例要選出下次聚會的時間和地點，由於大家希望在明年一起到美國中部去重溫舊夢，結果來自支加哥地區的老同學們欣然願意接棒，當場推出何邦當下次爐主，同時由他上台接下表徵本聯歡會的橫幅，並接受歡呼與祝福。

　　像往常一樣，為了不讓出現太多的離愁氣氛，在散場時還是沒有人帶頭唱那老人忍不住要流淚的「驪歌」。但是為了要留下富有歡樂氣氛的回憶，兩位歌唱家謝青雯女士（李克讓太太）和張式箴先後上台唱了幾首好聽的「老」歌，李太太唱的三首是：玫瑰三願、紅豆詞和親愛的爸爸（意大利歌劇 O Mio babbino caro），張式箴唱的是：踏雪尋梅和花非花。兩位嘹亮、婉轉且繞樑三日而不褪的歌聲，博得滿堂的喝采，還真使大家忘卻了即將分手的離愁。

　　每次在這種時刻總會出現依戀不捨的場景，今晚也不例外；不過不管是流淚擁抱，或是照相留念，都會互相道聲「珍重」，並約定下次再見密歇根湖畔。

　　工學院的老同學們倒底年事已高，個人多少都會有點難處而使出門旅行受到阻攔；有的是因為行動不便，有的必需得到醫生許可，也有由於家事牽累。然而仍舊有人排除困難而前來參加，如每次都要借助輪椅且由人

陪侍的孫夢書，忍受著行前臨時發病疼痛的段心心，都
能紛紛趕到，實在感人。

　　既然每次老同學聚會都那末的歡愉，那末的溫馨，
且一次比一次值得珍惜。讓我們就決定到密歇根湖畔再
來唱"當我們同在一起"的歌，重溫惜日的舊夢吧。如
果你一再的錯過，你就會像思義兄第三首詩中最後一句
話所說的"不來該悔"！

台南工學院　TCE Reunion - April 5, 2007

寫給二十歲的我母校怎能不愛

　　現在，離開你二十歲那年已經五十八個年頭了；在這將近一個甲子的歲月裡，你一直活在悲歡離合的浮生夢中。因為年代已久，也許其中顛沛流離、酸甜苦辣的點點滴滴已經不復記憶清楚，但在二十歲那年所發生的大事，總該尚留有深刻印象，因為那年是影響你一生的轉捩點。

　　記得在你二十歲的兩年前也就是民國三十六年，內地學潮迭起，整個社會動亂不安，藉著找個安定環境負笈為名，逃婚為實，遠從上海飄洋過海，離開溫暖的家庭，隻身到達二二八事變甫過不久的台灣，進了當時剛由台南工學院正名為台灣省立工學院（即現成功大學的前身）的學校。

　　它是南台灣的最高學府，是個健全而理論與實際並重的工學院。在校學生每年暑假必須由校方推介到各相關的工業界去實習。你因思鄉心切，在三七年的暑期，申請派往上海的中央電工廠實習。那廠離老家只須步行二三十分鐘就可到，同時廠方還發給實習津貼，是個令人非常嚮往的實習場所；所以在實習完畢回台南之前就

和廠方約定，明年（二十歲的那年）還要再來。回到學校不但立即向校方報備，並著手作明年再去那裡實習的準備。同時也引起其他也來自內地，電機或機械系同學們也想去中央電工廠實習的極大興趣。

　　民國三十八年初寒假過後，下學期開始不久，即積極為再回上海實習作準備，家裡也為你的會回滬實習而作了若干按排，諸如要到家鄉探望年邁的老祖母，或走些許親友。在這個時期，每天都會跑到圖書館去閱覽寄自南京或上海的報紙；一方面不斷注意著有關「毀婚」的法律問題問答欄（希望不要因為你的「逃婚」而造成父母在法律上的困擾），另外就是國共間的內戰情勢，因為那會影響到你能否回上海實習的行程。

　　時至三四月間，發現時事版中所登載的有關局勢消息，越來越令人忐忑不安，其中將你要再回上海實習的難度逐漸升高。到四月間連續讀到中共發動全面攻擊，並在荻港渡過了長江，繼而迫使國軍在四月廿三日撤離南京等等的消息，將你再回上海實習的願望全盤幻滅。

　　由此你個人固然很自然地避免了一場婚災，全民卻陷於一場史無前例的赤禍。你由一個不知天高地厚、無憂無慮的學生，遽然變成一個有家歸不得，而沒有了經濟來源的流浪兒。幸蒙學校及時向政府請命，將你們這批人比照隨政府來台的流亡學生，每月發放救濟金，並得以免費繼續在學校住宿；你才得以繼續學業，繼而畢業、就業。

　　政府的這種大恩大德叫你怎能忘懷！這樣的母校
你怎能不愛？

四個 M 之旅

　　2001 年甫自祖國大陸旅遊回來，親朋好友難免要問此行觀感如何？因為此行離家共有一個半月之久，所見所聞並非三言兩句就能說得清楚，不過個人在這「名山秀水」之旅的行程中所感受到的，可用 4 個 M 來概括之。

　　所謂四個 M 是：MONEY（錢）、MOUNTAIN（山）、MIAO（廟）和 MA（罵）。

　　MONEY，MONEY，MONEY：無論走到繁華都市或是窮鄉僻壤，似乎個個都在為著「錢」而活；談論的是錢，追求的是錢，崇拜的是錢；為了錢可以不惜犧牲色相、人格乃至人最起碼的尊嚴；整個社會都迷漫著見錢眼開、認錢不認人的風氣。

　　地陪要錢、司機要錢，全陪更是要加倍的錢。過路要錢，入山要錢，擺渡當然更要錢。進食要錢，如廁也要錢。進大門要錢，邁二門要錢，跑進一個小房間對二具乾屍瞄一眼又要四塊錢。為民服務的衙門講求成本會計，衙役們理直氣壯為「公家」掙錢。

　　到廟裡膜拜，求的是錢；廟祝會敦促你，如要求得好籤，一定要往奉獻箱裡多放錢。

　　有錢，就可得到好的禮遇；記得民謠《沙里洪巴唉嗍唉》唱道：「有錢的老爺坑上坐，沒錢的老爺地上坐。」似乎過於勢利，可是歌詞裡最後一句：「有錢沒錢請進來呀，沙里洪巴唉嗍唉」要比現在的「沒錢的老爺免進來」富有人情味得多。

　　MOUNTAIN，MOUNTAIN，MOUNTAIN：遊「山」是本團的主題，十五天的行程中，不管是大山還是小丘，幾乎天天都得要爬上一爬；要不然，就難以看到該公司為此團所設計的全部景點。為了不甘願白白犧牲已經繳了的昂貴旅費，只好拼命三郎往上爬；但卻難為了我們這平均年齡為七十五歲的三人團中的阿公阿嬤。

　　MIAO（廟），MIAO，MIAO：本團所以之要頻頻登山，因為所謂「景點」亦即「廟」，多在山上。或許因為導遊所能施展的本事，也就只有如數家珍地介紹這些廟，所以一定要把我們往山上帶。

　　我倆是基督徒，僅作到此一遊，並不膜拜，倒是全陪和地陪兩位導遊見像就拜。每個廟裡都供奉著許多神像，倒底是些何方神聖，他們都說不清；看他們逢像就拜的模樣，大概是因為對誰都不敢怠慢。

　　每座山上的廟所供奉的都不盡相同，有道教的有佛教的，也有說不出名堂來的。每個廟裡都香火鼎盛，善男信女眾多，與十多年前所見和尚上班制，而門可羅雀的情景不可同日而語；足見「破四舊」的時代早成過去，卻浮現了一片極為可喜的宗教自由景象。但從另一角度

看，政府如此鼓勵慫恿，非但大興土木整修被毀的，還擇地重建新的；難免令人聯想到，會不會一方面要藉此增加觀光景點，以裕「營收」，另一方面還可收到愚民且利統馭之效。

MA（罵），MA，MA：十多年前首次回國，只見人們對當朝歌功頌德，即使有所不滿，卻懾於高壓統治，只能禁若寒蟬而不吭聲，爲的是明哲保身。稍後，雖有許些雜音，但只關起門來小聲講，對外仍然敢怒卻不敢言。這趟回去，可完全不同，一下飛機就聽到一片「罵」聲，令人驚訝得不敢置信。

計程車司機罵，導遊罵，做小生意的罵，市井小民罵，看不慣的知識份子罵，下崗的工人罵，農村辛勤工作卻得不到溫飽的也罵，受了委屈而無處申冤的更罵。

罵的對象有貪官污吏、靠特權爲非作歹或發了財者、陽奉陰違魚肉百姓的地方官員，甚至政策推行者和上級領導。

有的私底下小聲罵，有的破口大罵；有無矢放的謾罵，有指名道姓的罵，更有指著大蓋帽鼻子罵，屢見不鮮的是指桑罵槐罵當道。

罵的主要原因在於迅速形成而正在繼續發展的社會形態兩極化；有權勢的發財，越發財越集中；大都市的飛躍發展使得鄉村更形貧窮；人們認爲這兩極的差距越拉越大，都是這些被罵者所造成。

今天在祖國大地能聽到批評政府的聲音，一則以喜

一則以憂。喜的是，政府已經進步，能聽到老百姓聲音而可據以改善措施，造福百姓。憂的是，聲音太大，會不會使當朝在惱羞成怒之下，非但充耳不聽，反而重施當年「大放大鳴」後的滅音故技？

　　不過現在已經是 2008 年，尤其奧運舉辦在即，挨罵的原因應該越來越少了。但願奧運成功，從此國運昌隆，再無罵聲。

渡　口

　　常言道，生、老、病、死，是人生必經之途；人既「生」到這世上來，他就必然會「老」，繼而凋謝而「死」；也就是說，人一進入「老」年，面對的就是「死亡」。

　　旅居美國將近三十年來，「資深公民」也已當了十八個年頭。所謂資深也者，就是年滿六十二歲的，在美國這個社會裡，就可被尊稱為 SENIOR CITIZEN；此時，你也已被認定「老」，而步入人生在世的最後階段，且向著另一個世界的旅程進發了。

　　因為各人的環境與健康情形不同，從邁入老年到死亡的期間長短也各異；有的一旦退休或解甲歸田，就與世長辭了；有的卻能活到七老八十，甚至上百歲。無可諱言的，人一到老年，無論是體力上，或是精神上，都會呈衰退現象；但是要走到人生盡頭，往往還有一段路程。人老不中用，就變成了這個世界的累贅；同時因為體衰多病，而其前程又只是「死路」一條，怎能叫老人家不會有「等死」的感傷？

　　這等常被稱之為銀髮族的，在整個人口中所佔比例不小，且從來就是社會結構的重要分子，因此自古以來，凡施行仁政者，無不將如〈禮運大同篇〉中所說的

「使老有所終」列爲施政措施之一。

　　我國禮運大同篇所勾勒出來的，是最完美的理想世界，國父所創三民主義也是以此作爲其最高理想。它所以之能在聯合國成立時，被刻成碑文放在大廳中；實在因爲它是，以「愛」「人」爲其出發點，而足以傲世的，最偉大的理念。

　　在對「人生」的關愛方面，它要爲政者做到「…不獨親其親、不獨子其子；使老有所終，壯有所用，幼有所長，矜寡孤獨廢疾者，皆有所養；…」。其中「老有所終」，就是要讓年老者如何頤享天年，走完這段在人世間的路程。

　　當然，這種大同世界，必須具備富有、和平的條件才能促其實現。舉目望去，在當今的世界上，似乎只有山姆大叔在朝著這個理想進行；雖尙未臻完美，但其方向倒總是對的。

　　就「使老有所終」而言，美國的社會安全制度，在在都在使老年人能頤享天年，並得以善其終。由於它不是「賑濟」，而是一種「福利」，老年人都覺得活得自在，死得有尊嚴。

　　在紐約，有很多宗教團體或私人機構，在社會福利制度的鼓勵與支助下，設有所謂的「老人中心」（SENIOR CENTER）。這些中心都有爲老人設想的設施與節目，免費供老人們作休閒活動，以娛晚年。裡面服侍老人的以義工爲多，其中身體健康，家庭富裕而其本身就是老

人者，也不乏其人。他們都是以「助人為快樂之本」的理念，為其他老人倒茶端飯，以發揮其「餘熱」的。許多「老人中心」除了提供各種設施和節目外，還供以最便宜的午餐（也有早餐者），老人們一早到了「中心」，就可盤桓到太陽西斜。

　　我在退休後，每天早晨走路到位於皇后學院對面，一個供早、午餐的老人中心，去吃七角五分的早餐；其真正目的是在與老伴作三十分鐘的晨間散步。至於中午，只有週四，去到一個叫 LATIMA 的老人中心，因為那天提供的是我所喜歡的魚排。

　　到 LATIMA 吃中飯的老人，各色人種都有。一天，與鄰座的一位西人攀談起來；他很傷感的說：「他來這裡吃午飯已七年多，常見到有新人來，但不見再來的也很多，這是我們的 LAST STOP（終站）」，令人聽了不勝唏噓！此後不久，在那角落他習慣坐的桌上，突然沒有了他的蹤影，起初以為他度假去了；至今年餘仍未見他再度出現，大概他已在「終站」下車了。

　　「人」，總難免一「死」，但在宗教上來說，人嚥下最後一口氣，並不是死，而是走向另一個世界去；信佛的說是到西方極樂世界，基督教則說到天國。所以我認為那些「老人中心」不應被視之為「終站」，而應視為乘船的「渡口」。當老人嚥下最後一口氣時，他是要乘船去向另一世界，如今大家到此是候船來的。

　　各人要乘的是要開往何方的船，坐的那一等艙，則

要看你買的是什麼樣的票。這張船票的好壞，則全憑你在嚥下最後一口氣之前的所作所為的代價了；「渡口」只是供你息腳候船的地方。老朋友們，讓我們一起努力，買張到天國去的頭等票再上船吧！

　　註：禮運大同篇的內容是這樣記載著的：『大道之行也，天下為公，選賢與能，講信修睦；故人不獨親其親、不獨子其子；使老有所終，壯有所用，幼有所長，矜寡孤獨廢疾者，皆有所養；男有分，女有歸；貨惡其棄於地也，不必藏於己，力惡其不出於身也，不必為己；是故謀閉而不興，盜竊亂 賊而不作，外戶而不閉，是謂大同。』

怕什麼

　　來到人世間已經八十個年頭，回想起來，打從有記憶起曾有過無數次的擔心與害怕，常害怕人生旅程隨時都會終結。在漫長的歲月裡害怕過的事情，有性命上的威脅，有心理上的壓力；有精神和情感方面的挫折，也有事業上的成敗，到老更有健康方面的怕東怕西。

　　「死」是一般活著的人的共有「怕點」，若問除了怕死之外，「最」怕的是什麼？那肯定不會有個標準答案；有些人凡是「怕」的都是「最」的，一個女孩一旦被蚊子叮了，她告訴別人說「最怕蚊子了」，第二天被蟑螂嚇得花容失色，又說最怕的是蟑螂。

　　一生中可「怕」的事事物物多得數不清，雖然在感受的程度上可以作個比較，但絕對說不上那一個是「最」的，何況不同的人對同一件事「怕」的程度也不同。有的人會被鬼嚇死，有的人根本目中無鬼；有的人怕家裡的河東獅，有的人卻反過來是他家那頭母老虎所「怕」的對象。

　　不過凡怕得入了夢且成為惡夢的，必定有相當程度的可「怕」，但是仍然不能說出它是「最」或「不最」。

凡時常在夢裡出現的，肯定是在日常生活中縈繞不去的可怕事。

　　然而，在夢中出現頻率高低、期間的長短和其先後，都反映出你一生中怕過些什麼，怕的程度又如何，在那一個階段有過那些「怕」。有的因為事過境遷，不再念茲在茲，過了一段時間也就不再在夢中出現；有些害怕的事情雖然已經明知不會再發生，但因為當時實在過於害怕，日後偶而想起，也還會再在夜夢中反射出來。

　　將近八十年來，因為都是在動亂、天災人禍縷縷不絕的時代中走過，使個人害怕的事情，隨著歲月增長和時局的變遷有增無減，而多得難以計數，經歷過的夢魘也不勝枚舉。其中以"怕考試"為甚。

　　從九歲開始啟蒙上學到二十二歲大學畢業，曾經歷過的大考、小考、期中考、期末考、隨堂考、畢業考、升學考和轉學考，再加上畢業後的就業考，身經豈止百戰；雖然過關斬將很少敗績，可是每次上陣之時，都會害怕。因為學程縮短三年，無時無刻都處於「追」趕狀態，每次考前縱然磨刀霍霍，嚴陣以待，但每當上得陣來，總是「怕」得心驚膽戰；深恐一跤滑倒，不能跟上跳了班的隊伍繼續前進事小，不能告慰江東父老則茲事體大。因為家庭背景並不富裕，能背著書包上學已屬萬幸；一旦考試失手，公費或獎助金就會隨風飄去；這樣，非但對自己是個無情的打擊，更會使得對我有無限期盼的父母感到失望；所以每當進得考場，一打開試卷，惱

際首先出現的就是這些揮之不去，卻對答題有損無益的雜念。

　　就像在首次飄洋過海負笈台灣之初，第一次的考試就深陷胡思亂想的境地；怕一旦失敗而弄得捲舖蓋回家轉，將有何臉面見得昔日師友和鄉親？

　　時至民國卅八年山河變色，頓失經濟來源中斷，幸蒙政府及時比照流亡學生發放救濟金，得以維持起碼生活；但對於考試成績欠佳者政府並不一定施予救濟，因此凡以此賴以為生者，無不視考試為生死交關之大事；尤其像我等賽孫山之輩當更會害「怕」，而怕得入夢。

　　大學畢業要進職場，好的單位必須通過嚴格考試；因僧多粥少，競爭劇烈，經全力拼搏，才取得一席之地。接著職場實習期滿要考，升等要考；被選拔為出國研習人員時又要考。在公務人員出國機會極少的當時，有幸先後奉派到日本（兩度）、瑞典、美國等國研習四次。這四次放風，個人都曾經過考選，而並非得自上峰慰勞欽點而成行者。由於無論在主觀或客觀立場上，都不容許有所閃失，所以每次都得破釜沉舟背水一戰。每考一次猶如夢魘一場，印象之深難以言表。

　　在國外研習時，也必須經過重重考核，取得及格證書才敢向原派單位報到。身處環境完全陌生的異國他鄉，參加與國內大異其趣的各種考試，常常會覺得失去方向，感到那末無助。同時每臨考場總會想到一定要能衣錦榮歸，因而在精神上難免受到相當程度的折磨。每

當想起，不禁不寒而顫！

　　退休遷移美國，因不能坐吃山空當寓公，必須再次投入職場賺錢養家糊口；自知身處異鄉，不能高攀只能低就；覓工時發現那些職位低收入也不高的工作，也得經過"考試"，至少面試才能獲得青睞。

　　第一個四塊七毛五一小時的文員工，經過 interview 獲得。這是來美之初首次在洋公司的應試，所幸考試官是我同胞而得以輕騎過關；但在應試之前對目標和獵物為何茫無所知，是否能以全身而退也毫無信心，所以考前做了幾近一個禮拜的惡夢。

　　第二個是文化氣息較濃，且時薪為八元的「教育」工作，職稱是公立高中雙語教育中心的助教（幹事）；雖以在國內擔任過大學教職的資格應徵此一幹事職位，應該會遊刃有餘；但到底是初來乍到，對此間環境太過陌生，在考前頗有恐懼感。

　　工作後老闆見我年紀一大把，擔任一個連高中生都能勝任的幹事，實在太過委屈；於是亟力鼓勵我到教育廳去考一張可以進教室教書的教師執照。試想一個既沒有在美國上過學做過事，又從未修過教育學分的台灣土學士，在對於美國考試制度和方式完全無知的情況下，考到教育廳一張教師執照，何其困難！

　　數年後見到聯邦郵政機構招考高級電子技術員，其待遇和福利都優於教師，同時又是所學本行；我開足馬力在經由劇烈競爭，數十取一的機率下以高分考上。在

整整十年服務期間，數度被送往中部奧克拉荷馬大學學培訓。由於結訓考核無不與升遷、俸祿攸關，所以每次受訓回家，體重總要減去數磅。

　　"怕考試"的夢魘糾纏了我幾近一甲子，一直到十多年前完全退休後才漸漸從夢中出局，而老伴也再不必三不五時的和我的夢囈對話。然而接踵而來的卻是"怕迷路"，此一夢魘現正方興未艾，在進行式而且日甚一日地延續著。

　　前天在一個似曾相識卻又陌生的地方迷了路，繞來繞去都好像是剛剛才來過的地方；因語言不通問不到路，身上又沒有攜帶身份証件，想找警察又不知道警察局在那裡；身邊走過的人好像一個比一個壞，心裡實在很害怕；很想馬上離開，但又不知道往那裡走。正要急步走去之際，卻見兩三惡神擋住去路；眼見險惡當前，急得一聲大喊，發現還在自己的床上。老伴見我一身冷汗，一面替我擦汗，一面訕笑說是不是「又」迷路了？

　　她之問我是不是「又」迷路了，就表示我最近常常在做"迷路"的夢。由於退休後發生了幾次迷路事件，每每想到其後果之可怕，"怕迷路"就成為夢裡出現的常客。

　　三年前隨作家協會到大陸的張家界旅遊，在參觀過景點要回到約定地點用餐途中脫了隊迷了路。由於我總以為只要緊跟著本團行動就好，當地陪宣布回程用餐地點時，我只順向看了一眼，並未將店號記下，本團的名

稱和車號也不記得，這樣在一個摸不清東南西北的山區小鎮上，我脫了隊迷了路，弄得我這孤老頭有隊歸不得；我害怕，害怕得欲哭無淚。幸而尚算鎮定，知道亂跑會更糟，就在一個明顯的十字路口停下等候，結果總算被本團派出的兩隊人馬異途同歸地在那路口找到。

　　老人迷途，大多數由於突然失憶；人老了就得服老，要"怕迷路"的夢魘不常出現，最好減少單獨出門。即使要單獨出門，也必須攜帶足以證明身份的文件、居家地址和聯絡電話等資料，以防萬一。

受獎感言

　　在現今時髦的社會中，常常見到凡是有頒獎典禮，無論是奧斯卡金像獎或是文藝獎，受獎人都會被請說幾句「感言」之類的話。今天我雖是受獎人但因為節目排得滿檔而緊湊，未能有機會將準備好的話「說」出來。

　　今天恰逢我們作協春節團拜，所以首先是要向各位先進前輩們拜個年，祝各位新年如意身體健康，鼠年行大運、發大財（嗨！寫文章發大財的能有幾人？）

　　平常我們看到，受獎人說「感言」，總是先要感謝許多人，有的甚至連阿姨的堂叔的親家都在感謝的名單內。雖然我不至於謝得那麼遠，但要謝的人倒也很多，首先要謝的是馬克老，因為今天到底是他親手將這張獎狀頒給我的，當然也要感謝敘獎給我的華僑救國聯合總會。還有要謝的是本會的趙會長和石祕書，如果沒有他們的鼓勵和推薦去應徵，今天這張獎狀就不會落到我的頭上來。

　　本書在付梓前蒙姚立民先生爲我斧正潤飾並賜下精闢序言；另外承蒙中華書局王老闆轉請到遠在台北的退役空軍上將趙知遠先生賜下非常誠懇感人的序言；他從另一角度切入，非常細膩的爲本書點出感人之處；此序放在首頁能先聲奪人，使讀者一讀上"趙序"就無法捨下。

　　一本書的能呈現在讀者面前，最關鍵的主角當然是負責將它印出來的出版社。在世人文化素養日益低落而懶於閱讀，且電子資訊神速之今天，要出一本裝釘成冊的「書」，除非是本暢銷名著或名家巨著，沒有出版商會願意冒險承接會陪錢的交易；要不然就是作者自己出資出版。奈因我是個兩袖清風的退休政府工，從社會退休福利金裡實在勻不出這筆"閒錢"來"出鋒頭"（前一陣子在某藝文版見到一個調侃藝人的標題說「出書 ── 要出風頭」）。幸經在台北的老同事，享譽文藝界且普受尊崇的名家周至剛先生之介紹，認識了文史哲出版社發行人彭正雄先生。彭先生審閱過書稿後，深受其內容感動而義無反顧地接下這筆明知無利可圖的交易。要不是有他，不會有這本編排、設計得如此精美，且令人喜愛的小冊子呈現在各位面前。

　　彭先生是出版事業協會常務理事，文藝協會理事，也是新詩學會的理事，我對他不但爲我抒困而感激他，

他的道德、良知、正義更爲我所敬佩。他明知無利可圖
卻仍然出版我這本〈衣冠塚外的我〉一書，不單是爲對
朋友有情義，而實際上在是站在一個有良知，發揚中華
文化做推手的立場，將這本書列爲他所出諸多傳記文學
叢書中的一本，要讓下一代，尤其他自己群族的後人知
道，那些被其族群中奸佞之輩視爲外來異族的上一代
人，爲國家人民做了些什麼。所以我對彭先生不但要致
謝意，還要致崇高的敬意。

另外在我寫作過程中還要提幾個人，第一當然是親
口敘述故事的張立義先生，他那超人的記憶，和充滿情
感的告白，叫我寫來欲罷不能；同時，他不厭其煩地從
旁指正和鼓勵，使我順利完成各個篇章。第二個是我太
座，平常對我生活上的所作所爲，向來抱著不敢恭維的
態度，但當我把寫這本書時的每篇初稿先給她過目時，
她卻竟然慷慨地給於讚賞，加上她不時的指正和建議，
我才敢有信心繼續做她沒有「幫妻運」的不動產（坐著
寫字卻不做家事的「坐家」）。另一位讓我有勇氣繼續
往下寫的是世界日報武賽齡經理的老太爺武子鵬先
生，他是位年高德劭的老大哥，平常喜歡看我在報章雜
誌上塗的鴉鴉，所以在我寫完每一個篇章，必將印好的
初稿請他指正。他從不給我什麼批示指正，卻總在我送
稿的第二天來一個電話說：「老弟，昨天夜裡你又騙了
我的眼淚」，他這種回應無疑增加了我的自信。

　　說到獲獎，這是我二度梅開，第一次是在十二年前，也是由華僑救國聯合總會所頒發的一個佳作獎。那是歸屬於科學論著類，題為「中文電腦之輸入編碼——先形後聲法」，社會人文科學項的華文著述獎。這一次以傳記文學方式參加徵選而獲得的是華文著述獎之文藝創作小說類佳作獎，似乎為我在另一條跑道上加油打氣，促使我有勇氣去繼續點燃正逐漸熄滅的燈火。

　　至於「出書」，在這之前我曾出過兩本書；第一本名為「周氏中文字編排數碼化字彙（先形後聲法）」，第二本名為「理想的中文電腦輸入法」；前者擁有中華民國內政部所發著作權執照，且在美國國會圖書館列為藏書，後者也擁有美國政府核發的著作權證書，但兩者都未上架發行，因為它們都是工具書，只供有關中文電腦科技企業和圖書目錄編碼者作參考之用。現在這本〈衣冠塚外的我〉是我出的第三本，而是真正上架發行的「書」。它是屬於文藝性的創作，如今獲獎，讓我知道在這塊園地裡辛勤學習耕耘的時光沒有白費。

　　因為有了這次的獎勵，使我重新打起精神勇敢地擺起原本正要收起的攤子，希望能使餘輝續現。現正努力的是，要將從二十來年前開始學寫以來而在報章雜誌上出現過的將近兩百篇散、雜文收集起來，挑選其中百把

來篇加以印刪、裝釘成冊，以作爲明年虛度八十的回
顧，在其間尙望各位多鞭策多鼓勵。謝謝！

戲說電影
《梁山伯與祝英台》

　　年輕時看過的電影還算不少，其中好電影很多，有國片也有洋片，但因爲本身對藝文造詣不深，只知道「看」卻不懂得鑑賞，看過後也說不上那個是我「最」喜歡的。

　　然而，在台灣上演過一部票房記錄出奇高的所謂的港片，它雖不是「我」所最喜歡的，卻被廣大觀眾列爲了最喜歡的電影。當時抵擋不住群情壓力，我也曾趕時髦兩度被「誘」到電影院裡陪著婆婆媽媽們灑下過幾滴英雄淚。

　　那電影名叫《梁山伯與祝英台》，是一部上世紀60年代初由香港邵氏電影公司所製作，改編自知名民間傳說故事的電影。由李翰祥自編自導，邵氏當家小生凌波反串扮演梁山伯，樂蒂則演祝英台。所演唱的歌曲，採用的全都是黃梅調。它被視爲六〇年代極爲重要電影之一，在港台地區紅極一時，盛況之空前似乎至今尚無能與之匹敵者（至少在台灣是如此）。

　　當時好評如潮，簡直被捧為中國電影史上最完美且無瑕可擊的曠世傑作；在電影的領域中只要提到「1963年電影」、「邵氏電影」、「香港電影」、「愛情片」或「黃梅戲」等，就會自然而然地與《梁山伯與祝英台》掛上鉤。

　　在這部電影裡，邵氏電影公司的好腳色幾乎傾巢而出，而且獲獎的不乏其人。諸如在第二屆金馬獎中得最佳導演獎的李翰祥、最佳女主角的樂蒂、最佳演員特別獎的凌波、最佳音樂獎的周藍萍、最佳剪輯獎的姜興隆，以及在第十屆亞洲影展中得最佳彩色攝影的賀蘭山、最佳美術指導的陳其銳、最佳音樂獎的周藍萍（也在金馬獎中得此獎）、最佳錄音的王永華。

　　在其中，表演得最為出色而憨厚得惹人喜愛的當屬男角梁山伯，可是在諸多獎項中，有最佳劇情片、最佳女主角等獎，卻獨不見「最佳男主角獎」。大概因為飾演男角梁山伯的，是由身為女兒身的凌波所反串演出的關係；若將最佳「男」主角獎頒給與她，似乎有點名不符其「實」；可是在整部戲中她是演技最精湛，表現得最出色的靈魂人物，要給「獎」，怎麼可能沒有她的份？所以給了她一個＂最佳演員「特別」獎＂，可能就是這個緣故。

　　除了該得「最佳」獎項的幾位演、職員外，就連整部戲中的配角甚至普通龍套角色，雖然沒有在此得到獎項，他們在演藝界可都不是等閒之輩。諸如演銀心的任

潔、四九的李昆、英台父親的井淼、母親的陳燕燕、梁山伯母親的歐陽莎菲、演老師的楊志卿、師母高寶樹；另外，演學生的有知名諧星蔣光超、以及也已經嶄露頭角的莫愁、黃曼、喬莊、關山、顧媚等人。還有石燕、金漢、朱牧、谷峰等名演員也參加了演出。

　　1963 年 4 月 4 日開始在香港首演，就已好評如潮，等到 4 月 24 日在台灣上檔放映，頓時就轟動全台。在台灣放映期間，大街小巷聽到的都是聲聲黃梅調，人們相問的是"你看了第幾次了？"。票房記錄一再飆升，賣出的票數不表示看過這場電影的"人頭"數，而是"人次"數，因為一連看過多場，甚至高達三十幾場的大有人在。不管在大都會還是小城市，上映時無不是瘋狂得場場爆滿。在電影院裡整整 122 分鐘的放映時間內，從頭到尾不時聽到有人嗚咽抽泣，甚至情不自禁旁若無人地放聲哭泣；連許多堂堂男子漢如我者，也會被感染得頻頻掏出手帕來。

難忘刻書生涯

「刻鋼板」，現代的年輕人可能都沒有聽過這個名詞，即使將它的真正意義解釋給他聽，以一個在資訊發達的時代成長的新新人類，說不定還會抱著將信將疑的態度說：「簡直不可思議。」

刻鋼板，就是將一張浸了蠟的紙，放在一塊上有交叉細紋的鋼板上，用一枝尖頭細鐵筆，將上面的薄蠟刻掉，而成為所需要的圖案或文字，然後繃在框架上用沾有油墨的滾筒在上面轉動，放在下面的白紙上就會顯出所刻的圖案或文字。我們在大學裡念的書大多數就是這樣「刻」成的，我也做過這樣的「刻書人」。

在五十年前，光復不久的台灣，一個上大學的學生，能擁有幾本專門科目的「書」，是一件奢華的事。尤其在南台灣，本來就看不到幾爿書店，而在其中，我們想要的「課本」卻少之又少；中文版本，無論是翻譯的或是原著的，更是鳳毛麟角。

起初，我們從上海來的，一些基本科目諸如物理、化學、數學等書本，可由家人買了寄來；然而不久大陸變色，一些高年級的用書，則多由教授將手編教材，交

由像我們沒有了經濟來源的工讀生，以新台幣一元代價，刻鋼板再油印成的講義。因為這些講義是邊教邊寫的，在科目教完之前，無以裝釘成冊，所以平時帶上教室的只是講義夾，而不是成冊的「書」。偶而有之，只是從圖書「搶」借到的參考書，或是從前期畢業學長手中接收而來的古本。後來到了高年級，雖然坊間有了些翻印書，我們卻窮得不敢問津。

四年大學下來，我們所念的，大半是由教授手編，而由我們這些無家可歸，卻要掙副食費的窮學生所「刻」出來的「書」。

我們為教授「刻」書，由教務處按張計酬，三年來一直是新台幣一元一張。為了想在每月的副食費（伙食費係由政府發放的救濟金，但只夠買米）外，還能每個月看場半價（學生票）的電影，故凡「刻書」同志，無不挑燈夜戰，將自修時間多半投入了「刻書」工作。

教授們體恤我們的辛勞，往往將附圖畫得特大，以節省我們的刻工。有時還以便利他「自己」閱讀為由，特別囑咐我們要將字寫得大些；即使有錯漏或模糊，他也視若無睹而從不責備，卻留待在教室裡上課時予以補救，其目的當然是怕傷害到我們的「生計」「利益」。

「刻鋼板」雖然不能自成一「行」，但在同行中因道行不同，而修成的正果也不同。本來，它的基本要求是，要將在薄薄的蠟紙上所刻的圖案很清楚地印在白紙上；但要做到這一點，如果沒有一點修練，這一塊錢是

賺不到手的。因蠟紙薄得透明，將它放鋼板上，用一枝尖細的鐵筆在上面「刻」；用力太小了，油墨透不過，用力過猛了，紙就會破。在一張蠟紙上刻出來的幾百個中國方塊字，印出來要個個清晰可讀，「刻」的時候就得筆筆小心；心浮氣燥的朋友，往往到最後會刻破紙而前功盡棄。若要刻得快而字跡秀麗，除了「技術」、平時的書法修養外，還得看個人的人品涵養。

三年多的鐵筆功，倒練得我一手呆板而無藝術氣息的所謂「工程體」；至今我寫起英文字來，還是絕對不會被認錯的「印刷」體。也因為我們終年辛勤「刻」苦，養成往後雖得意也決不忘形的習性。

我是電機系的學生，卻對機械系教授的感情比較深，因為他們憐恤我們這些有家歸不得的流浪兒，總是揀些「好差使」給我們幹，至今我還常感念這些仁慈的老教授。

我現在雖然在用我自己所創始的中文電腦輸入法「寫」此文，但每當伸出手指按鍵時，仍殘留在我右手中指上的老繭，不斷地在提醒我五十年前的「刻書人」生涯。

我們的院長是　王石安

從〈向 40 級周俊良老校友問好〉說起

2007 年初我寫了一篇名為〈寫給二十歲的我　母校怎能不愛〉小文，在成功大學大紐約區校友會網站登載不久，就看到校友黃志遠兄（1963 化學系）（他讀自台北校友會網站）的迴響〈向 40 級周俊良老校友問好〉一文。那是一篇非常感性且圖文並茂的大作，使我感到十分溫馨。

他在成大畢業的年份雖然比我晚了十二年，但從「向」文中可以看得出，他對學校早期情形的關注和校史之研究，用功至深（從他附有自民國 38 年及以後好幾年的畢業名冊可見一般）。他道盡了許多民國四十年以後的母校滄桑史，讓老校友看了會勾起無限的感懷，較為年輕的校友也能窺知我們母校的當年，我非常佩服這位小我一輪的老學弟。

黃兄為文非但感性動人，且具有"知之為知之，不知為不知"的成大務實精神，比如其中有一段「…周兄就讀工學院時代（36-40 年）的院長是秦大鈞先生吧！電機系主任是周肇西先生嗎？…」，他用這樣的口吻來

問，就表示他真的有疑問。是的，36-40 年，剛好是我在台灣省立工學院的整整四年修業期間，那時候我們的院長是"王石安"先生；我入學時他是院長，畢業證書上的院長簽章也是"王石安"；秦大鈞先生則是下一屆，我內人畢業證書之簽發者；至於俺們電機系的主任起初是位姓邵的教授，不久就由恩師周肇西先生接任；周主任也是我畢業論文（民國四十年尚有繳交畢業論文的規定）的指導教授。

　　民國三十六年前，我們的校史我並不很清楚，只知道三十六年在我考進工學院時的院長是"王石安"先生（在學校正史上稱他為"王石安博士"）。我第一次見到他是在開學典禮上，以後正式見到他總是在每週的總理紀念週上訓話；此外，因為我住在位於校區內的宿舍四年，他住的所謂官舍又就位在校區的側門外，因此常常在課後時間見到他在校園裡徒步來往於辦公室與其"官舍"（那時是學校的招待所）之間。因為台南氣溫高，那時又沒有冷氣一說，除在冬季外，經常在校園裡見他長袖襯衫、背帶褲，足蹬布鞋、含煙斗，一派學者風範，令人敬畏。尤其當他與留德教授們的德籍師母們（也是我們的老師）在下班歸途（他們的宿舍都在同一區塊內）中用德語邊走邊談而顯示出的高等學苑氛圍；現在雖已時逾一個甲子，我在腦海中還常常出現這幅令人覺得置身學術浩海而感幸福、自傲的景象。

　　他文質彬彬，溫文儒雅，講起話來總是細聲細氣；

每當在紀念週會上訓話，因為那時代沒有麥克風之裝置，總站在第一排的我也聽不清楚他在說什麼；尤其他那一口帶安徽口音的國語，聽起來更是吃力。好在當我在校四年期間他沒有開過任何課，否則到學期終了必當無疑。

　　王院長開始主政省立工學院時，母校只有機械、建築、電機、化工、土木以及電化等六個工程學系（依照從南到北的所在位置排列）；除了建築和土木是兩座木造二層樓房外，其它四系都是頗具規模的工程系館（都是日據時代的“高等工業學校”所遺留下來）。在機械系館旁，那高聳雲端的大煙囪，是當時在南台灣最高學府的精神標誌。在其下停放著的一架供教學用的小飛機，和電機系與化工系之間的瓦斯塔，更成為那時侯有志生產報國的莘莘學子們所嚮往的學習聖地。

　　校園不大，與國內諸多高等學府相較不失為是一個小家璧玉型、人見人愛的學術園地。校園內長有諸如樟腦、椰葉、鳳凰等喬木樹，以及其它灌木、花草；每天一早在校園慢跑，陣陣樟樹清香撲鼻而來，總覺得置身於森林公園之內。整個校園整潔恬靜，鳥語花香，王院長對校園環境之治理得如此之好，從此可見他治學的一班。

　　王院長雖然教書上課，可能因為聲音小而難能叫座，但辦起學堂來有他叫人折折服之處。他治學嚴謹，更能在亂世中保持校內的安定。對學生的管教十分嚴

格，對師長們的要求也很高。整體來說他將學校治理得井井有條，在紀律方面更是受人尊重。當在北部的大專院校（那時只有台大、師院和行政專校）有些「學生運動」蠢蠢欲動時，我們卻在安定環境中求學而全然未受影響。

據師長們說，王石安院長是安徽人，抗戰期間任教於位於重慶的中央工專；他學有專長，尤其對投影幾何學深有研究。在重慶結婚生子後他離鄉井負笈日本，繼而留學德國，抗戰勝利台灣光復後，他隻身來到台灣接收日據時代的台南高等工業學校（民國卅六年改制為台灣省立工學院）。難怪，起初，在學校的行政高階層主管中，總不難看到安徽人的身影，在教授陣容方面，也很容易嗅得到東洋或德意志的味道。

他對於學校的前途並非僅僅滿於現況，相反的他有偉大的理想和抱負。我們從學校會議室所掛的學校發展計劃藍圖可以窺見，那時他正在計劃將我們工學院發展成一個我國唯一，且設有十二個工程學系的“工程大學”，真是前途似錦！

可惜他壯志未酬，卻在民國四十年，也就是我畢業的時候，被一樁現在看起來並不太嚴重，至少不致受刑責、糟蹋的俳聞（請見另文“抓鼠記”）所擊倒，國家從此折損了這位教育巨擘，實為惋惜！

再見堂妹正茵

再見堂妹待幾時

中華男兒出自申，神州大地皆陌生；

週遊世界居美國，落籍歸化變洋人；

仍被調侃土包子，百般無奈怎甘心。

我在十八歲遠離故里之前，除了在南通東頭呂四鄉間渡過整個童年外，其他的的日子都在出生地，上海，成長，非但從來沒有到過「外省」，就近在咫尺的名城蘇州都未曾到過。

民國三十六年，因國內時局不安，遂邀三兩知友結伴到了當時只知遠在「天邊」的台灣。對我來說，頭一趟出門，就跑了這麼「遠」，真是我始料未及的。更沒有想到的是，我這一飛（當年所能乘的只有輪船），對的父母來說，無異於斷了線的風箏，將我與故國河山隔斷了整整四十年之久。以致我這雖出生華夏的「中國」人，到了花甲之年，在中國，到過的地方，仍然只是上海、南通和台灣。在這四十年期間，我縱然週遊過世界許多地方，甚而後來在美國紐約定居了下來，但我那祖

籍廣東、南京出生、在香港、四川、湖北、云貴等地受
教育成長的妻子，多年來還一直調侃我是個十足的「中
國」土包子。我雖然心有未甘，但卻也無可奈何。

　　高堂健在自應探，順道當把河山看；

　　要去重慶訪大姐，三峽風光得便賞；

　　聽聞堂妹亦在渝，尋覓不易唉聲嘆。

　　因此之故，中國開放以後，只要有機會回去探親，
每一次都要拉老妻，陪我順道到上海以外的地方去遊
覽，以償我自己多年前所許下的「去土」夙願，也讓我
的妻子有個回顧一下故國河山的機會。

　　這次大陸之行，是我們自一九八七年以來第四度返
里探親。此番要探的不單只是我在上海的高堂老母和家
人，還有預備去探望我妻子的大姐和家人的計劃。因為
她大姐家遠在長江上游的重慶，所以這次要趁探親之便
「順道旅遊」，除了一睹抗日期間的戰時陪都——重慶
這山城，還可趕在建霸工程「上馬」前，「搶」拍它幾
張長江三峽風貌與景色。所以我們的行程計劃是，從上
海乘飛機去重慶，回程則乘長江輪順流而下，停南京謁
過中山陵後，再乘京滬線火車回到上海的家。

　　計劃既定，飛機票也已花了九牛二虎之力買到了
手，就在啓程前夕，我的家人突然提起我有個叫茵茵的
堂妹也在重慶。他們並不能說出她在重慶的正確地址，
只知道她是油漆廠的退休工人。雖然大家巴不得我能與
這位也遠離故鄉達數十年之久的妹妹在異地相見，但對

於我這「外國人」來說，是否能在茫茫人海中找得到她，並沒有任何把握，祇願能有像常在小說故事中才會出現的奇蹟發生。

茵茵，據她後來告訴我說，這個名字還是我給她取的，因時空隔斷得既久且遠，將近半個世紀前的往事，我實在連一點點影兒都沒有了。當我離開上海的時候，她才五、六歲，我那個時候的模樣也已模糊不清，更不用說年已五旬現在的她了，即使面對面擦身而過，也肯定會失之交臂。至於她對於我，除了從家人通信中得知有我這個堂哥遠在亞美利堅當假洋鬼子外，五歲前曾有過的一些微弱記憶，在她現在的腦海裡恐怕早就沒有了蹤影，當然絕對不會想像得出我這個堂哥該是個怎麼樣的老頭兒了。

我因為自己定居異域，卻已近暮年黃昏，要趕快去的中國地方實在多得很，此番到過重慶後，再去的機會肯定非常渺茫了。所以儘管不知她確實所在，彼此亦不相識，這一趟總得想盡辦法與她見上一面，才不致造成終身遺憾。

在重慶的短短四天期間，雖然預備了半天工夫去找她，但是那天要是沒有久居重慶市的連襟，以懷姐夫陪伴，還真不知要如何在海底撈針法。我上海家人所以之只知道她的「廠」名而說不出她住在那裡，實在是出於無奈！因為多年來，在大陸上若要和任何私人通信，只要是屬於某個廠的，不管現職的，還是退休了的，一律

要寫到廠裡轉才收得到，同時，數十年來很少有彼此「造訪」的機會，更是早就沒有了旅遊的「習慣」，只要能夠將「信息」輾轉通知得到，人們就心滿意足了，根本再沒有將「住處」告知親友的必要。

因為只知道她是從油漆廠退休的，當先從打聽油漆廠的所在開始。一般人不懂利用電話，也沒有電話可用，要打聽油漆廠的員工，就得跑到油漆廠去。從位在南坪的大姐家到那油漆廠，倒底是什麼方向、有多遠，我是一點概念都沒有，但從大姐家的人為我們夫婦張羅交通工具一事來看，似乎有「擠公共汽車吃不消（而且不一定能到達），坐計程車錶跳心更跳」的考量，肯定不是一段短的路程。經過大家討論再三，結果是以接待歸國華僑的名義向姨外甥的單位情商，借得一部他們所謂的麵包車解決了問題。

　　皇天不負苦心人，祈求禱告蒙垂聽；
　　尋尋覓覓雖辛苦，喜見堂妹一家門。

當我連襟陪我們坐了約兩個小時的車，找到油漆廠，因為那天是星期天，除了門房外，在門口往裡看去，似乎不會有人在裡面辦公，惟一能知道員工行止的人事單位大概也不會有人候我們的駕。在這種情形下，只能求助於那位衣冠不整，意興闌珊的把門大將軍了。我儘管打恭作揖，他卻愛理不理，而且得到的答案，不幸正是我們所料到的「不知道」。

我們不能如此半途而廢，就試著向過往於廠門口的

行人碰碰運氣。他的連襟倒底是老重慶，在熙熙攘攘的行人中，對準了一個顯然在重慶久住，且年紀較長的下江佬（他之如此選擇，無非是想碰上一個也在油漆廠工作過的外地人，這樣比較更容易問對路）打聽。結果還真找對了人，在他指點下，在約摸半公里之遙的地方果然找到一排的油漆廠員工公房。但是我的堂妹住在好幾棟四五層樓中的那一棟、那一層的第幾號，他們則毫無所知，雖找到了公房，還是投入了霧里雲中。此時我的連襟再次憑他敏銳眼光，在騎樓底下朝著一位正在與三姑六婆擺龍門陣，看上去顯然也是從油漆廠退了休的姑奶奶詢問，一問之下她還果真知道我堂妹的名字。因為這裡是分幫群居的，你要說得出要找的人是屬於那一幫的，才容易找對方向。剛巧我堂妹就住在靠馬路的第一棟公房裡，但是並曉得她住在那一號房間。正在猶豫間，正巧有一位一眼看去就是上海大媽的走過，姑奶奶就向她打聽，從而得知她正是我堂妹的隔壁鄰居。當他們向她說明來意後，在她熱心引導之下，終於找到了堂妹住的公房門口。

如此奔波了半天，再爬過擠滿自行車和雜物的四層樓梯，站在堂妹的門口，我雖然已經感到十分疲累，在舉手敲門之同時，卻感到無比的興奮；同時剎那間在腦子裡不住地閃出一個又一個所想像出的堂妹模樣；一會兒是高的，一會兒是矮的，也許是瘦子，又可能是肥婆…。仍在沉思間，一位嬌小玲瓏，面目清秀，直梳齊耳

短髮的婦人在半掩的門裡，以充滿疑問號的目光看著我
們三個人，陪行的連襟張先生急忙要向她說明來意，當
他說到：「我們是從上海來‥」，話還沒說完，那婦人
就直衝著我說說：「你是阿哥啊！」？不用說，站在面
前的就是我所要找的堂妹茵茵。稍後他問她：「你是怎
麼認出我來的」？她說：「你太像大媽（她的伯母，我
的母親），加上一聽說你們是從上海來的，就猜到你就
是我懂事以後從未謀面的二阿哥（我排行老二〉了」。
當我和妻子都紅著眼眶向她端詳時，她卻早就激動、興
奮得熱淚滿臉了。

　　要找的人居然找著了，真可說是皇天不負苦心人！
雖如此辛苦才將她「找」到，而兄妹相見的情景也是夠
感人的，但尚未曲折離奇得足以寫上小說。不過相繼而
來的「再見」堂妹茵茵，倒是值得在此記上一筆。

　　因為是星期天，她先生和一兒一女也都在家，在她
家坐下後，除了話家常外，就是與他們全家照像留念。
看他們一家為了這三個不速之客忙進忙出，一回兒買水
果，一回兒搬汽水，似乎還有要留客人吃飯的打算，我
不忍心看到並不寬裕的他們為難，就找個藉口起身與他
們辭別。在送別時，他只讓堂妹道我們住在南坪的大姐
家。我之所以不將詳細地址和行期告訴她就匆匆揮別，
為的是怕她在極度不便的交通條件下，還要老遠跑來看
我，甚至花錢請吃飯。因為對他們來說，這些都是辛苦
且沉重的負擔。

見面雖難別卻易　若要再見更是難。

在那麼辛苦的情形下才找到的親人，為了不忍心他們花費而就這樣匆匆別了，若以經濟眼光來看，這實在是極不經濟且浪費的一檔子事。從堂妹家出來後，一路上直覺得好像做了一件虧本事。我太太也覺得，雖然隨身帶了一些小禮物，但那一對金童玉女，二十上下兄妹的外甥兒女，才第一次見面，連一點表示意思的見面禮，都未來得及準備給，真恨不得再找個機會見上一面。可是我們已買妥後天一早開航的船票，而次日節目也已排滿。另一方面又將她可能來看我的路也斷了，要再見，只能寄望於奇蹟的發生了。

第二天，也是我們要乘船回上海的前一天下午，在連襟陪同下，要去赴一個朋友的約。因為也同在南坪地區，所以預備搭乘比較高檔次的小巴士前去。由於巴士票價較貴，不需像在大型公共汽車裡受擠沙丁魚之苦，尤其可以避免遭無所不在的扒手之光顧而擔憂。

我們一夥三人在大姐住處附近候車，小巴士來到，連襟禮讓，要我夫婦兩先上了車。可是我們回頭一看卻未見連襟跟著上來，但只聽得車外一陣大聲喧嘩，說什麼「你上來，你下來…」，其中也夾雜著連襟和送我們上車的姨外甥的聲音，但並不聽得清楚，車外是在說些什麼。車子幾次發動，卻都被攀附在車外的連襟大聲喊住，而起不了步。

最後在他自己要求下，車門重行打開讓他進了來。

看他一臉鐵青，氣喘如牛，我們夫婦倆只帶著問號的眼光看著他，而不忍心用言語催逼他「說」什麼。車子發動後，他才指著我，斷斷續續地說：「‥你‥你‥妹‥妹…」，等弄清楚他要說的是，剛才要他下車去的，而他要她上來的正是我的堂妹茵茵時，我急得一陣昏暈，不知所措。當我警覺過來，想要立即下車去追，但我們的小巴已經開了幾百公尺遠，即使司機肯合作讓我下了車，恐怕堂妹也已被另外的公車帶走而不知去向了。

　　啊！堂妹居然奇蹟般的找到了我，但又陰錯陽差地沒有見到面，我對連襟把我們兄妹「再見」的機緣「輕易」放過，實在有點氣惱。但等連襟精神稍定，將剛才的情形描述過後，我非但不再怪罪於他，還對古稀之年的他，經過這樣數分鐘的激烈「戰鬥」，寄於十分的同情與感激。

　　至於經過情形是這樣的：

　　茵茵帶著女兒，從老遠的地方到南坪來，想找到這個繞過半個地球來，而才見過幾分鐘面的堂哥，因為並不知道他的確實住處，只好漫無目標地坐著公共汽車到處碰她的運氣。事情就是那麼巧，就在那個時候，那個車站，在她坐的公共汽車靠站之前，她一眼看到了我們正要跨上前面不知要開往何方去的小巴士，她在情急之下，要求她的司機停住，開門讓她跳下車，繼而狂奔前來想攔住我們。可是說時遲那時快，我夫婦已經在毫無警覺下上了車，然而我的連襟倒給這突如其來的狂喊停

了腳步。

　　我的連襟定睛一看，那大聲嘶喊，飛奔而來的，居然是我正想「再見」的堂妹。他一時情急，就在來不及知會我們夫婦的情形下，毫不思索地請她也上小巴士來，可是茵茵非但不肯跟他上小巴士，還反過來要他喊已經上了車的我們下去。此時我夫婦倆已經坐定，對車外的情形並未察覺；我連襟若要來喊我們，非得跑上車來不可，他怕司機不合作，等他前腳上後腳就開動，所以只好攀附著車門，拼命喊她上來，可是她的女兒還在後面的公汽車上，因為還沒有買票下不來，她卻不能放下女兒於不顧，而上小巴士來。要是她回去付錢「贖」回女兒來，又怕小巴士會不等她們。

　　於是一個喊：「你上來」，一個說：「你下來」…如此這般地拉扯了半天，兩車的司機都開始顯得不耐煩而按起喇叭來了，此時連襟處境十分緊張而為難。如果自顧上車而任她去，我們兄妹「再見」的機會必將喪失，而會覺得對我難以交代；如果留下等她，又怕隨車而去的我們在毫無心理準備下一旦沒有了他帶路，一定會抓瞎著慌，尤其現下的重慶頗不安靖，他萬萬不敢將倆個假洋鬼子如此放了鴿子。他在再三反覆權衡之下，還是以繼續為我們「保駕」，為其首要任務。

　　奇蹟般，且千載難逢的兄妹「再見」機會，就這樣錯過了，固然非常令人惋惜，在我們離開現場後，繼續所發生的一段插曲，也令人氣結。以下這段故事是在我

們回到大姐家，由當時送我們上小巴的姨外甥筱凡所說的。

　　我們的小巴開了以後，親眼看到這一幕的筱凡還在那裡，他見此時已下了公共汽車的母女二人在那裡捶胸頓足，好不傷心，無奈。他就上前向她們自我介紹，說他就是剛才上小巴的兩位華僑的姨甥，並試著給她們安慰。旋即將我們去的地址和電話告訴了她，希望她能和我們通到電話；也將晚上我們要回來歇腳的地方，也就是他自己家的門牌告知她，以便她來看我們。可是由於她們沒有電話，也不知道怎麼用，同時因交通不便，治安尤壞，晚間不敢出門，所以堂妹對於這些重要資訊一概未予理會，當然也沒有記下，而就這樣悵然離去，以致又一次失去「可能」「再見」的機會。

　　不過據筱凡說，在與她們分手時，他將姨丈和阿姨我們明天乘上午九時開航的班輪回上海的信息告訴了她，雖然不知她是否記下，但倒使我萌生了一絲「明天碼頭再見」的希望。；

　　　再見希望在碼頭，伊人早在甲板候；

　　　咫尺相距似天涯，造化作弄難強求；

　　　匆匆又見還得別，令人實在好難受。

　　啟程那一天，因為怕上班時間到碼頭的交通會擁擠，天亮不久，由連襟商借來的麵包車就在巷口等著了。既躲開了交通尖峰時間，車子開得很順利，七時不到一點，就進入碼頭區了。

　　由於長江水面高低不定，而且深度不夠，無法在岸邊造建永久性碼頭，以供長江輪停泊，以致如要上下客貨，都得在河床上步行一段相當距離，經由幾節跳板到達老是停在江中心的一個浮動碼頭，班輪就停在浮動碼頭外側。凡搭公共交通工具來乘船的旅客，都得在河床上方幾層樓高的公路上下車，然後順級而下，才得到達河床。對攜有笨重行李的旅客而言，這確是一段艱辛的崎嶇路程。

　　我們坐的幸虧是私家麵包車，司機在老遠的地方就繞道開進了河床，停車地方已經靠近連接碼頭的跳板了。下得車來舉目望去，在跳板這一端的河床上，只見萬頭鑽動，一片人海，其中當然以乘船的旅客為主，前來送客的也不在少數；在人群中最忙碌的要算是隨地而設的小販了，有賣吃的，也有賣土特產和紀念品的。在碼頭外側的，則是生火待發的江渝一號，也是我們要乘的長江客輪。

　　因為從昨晚開始，我心裡就一直巴望著能在此時此地「再見」到堂妹一面，在還沒有下車之前，就在向四處張望，可惜未能一眼就看到她。下得車來第一件事，當然是立即往人堆裡去繼續尋找。請送行的親人為我們看好一大堆行李，由我們四個認識她的人，分頭四處作了幾近地毯式的尋覓都無結果，於是大家對這個沒有約定的約會不再抱什麼希望，同時看看時間應該是登輪時間了，於是少壯的送行晚輩們開始將我們的行李陸續往

船上搬運，我們四個人為了怕堂妹來到看不到人，所以還想在跳板這一頭稍等片刻。

　　我因自知人矮，在人群中不容易被發現，乾脆獨自跑到一處比較空曠的地方站著，以便她從高處堤岸下來可以一眼就能看到我。四個人踮腳翹首向岸上張望了好一陣子，仍然不見堂妹的身影，船上的乘客有些在和送客揮手道別了，我們不得不向跳板彼端走去。我仍不死心，還希望她在最後一剎那能出現在我的眼前，他面朝向岸堤，等於是退著走上船去的，所以比其他三人慢了一陣子。

　　當他一腳跨上甲板，只聞得一股「船味」撲鼻而來，同時在嘈雜聲中聽得不止一個人在高聲說：「來了，來了‥」，並且感到這聲音是直衝著我而來的，待我定睛一看，那三個認識我堂妹而先我上來的人，正擁簇著堂妹茵茵向出口處來迎接我。

　　原來，在我尚未上船之前，那三人在二等艙的門口發現了手上提著大藍小包的她，為了怕我還要在外面苦等，所以急忙一起出來讓我馬上知道。

　　在重慶，因為長江客輪的起點，早上開航班輪，往往在頭一天夜晚就可以開始陸續上客。茵茵認為她堂哥可能也在船上過夜，所以天剛才亮就來到船上，想能與堂哥多見一下面，可惜我們沒有警覺到這一點。先持送客票為我們送行李的晚輩們，因為與她從未見過面，幾次與她擦身而過卻不認識她，以致我們兄妹二人在同一

地方彼此相等而不得見面。

　　上帝垂聽了我們的禱告，終於讓我們兄妹「再見」了，但又不知道為什麼對我們那麼客嗇，這麼辛苦的「再見」，卻是如此短暫。一陣驚歡惋惜與狂喜過後，在甲板上才搶拍了幾張相，只聽得汽笛長鳴一聲，告訴所有送客該是離船上岸的時候了。茵茵在與我們互道珍重聲中，隨著其他親友走過跳板去了。等她轉過身來向我們揮手時，跳板已經拖離了船沿，碼頭上的工作人員也已開始解纜。船在再一次的汽笛聲中緩緩移動，其他的乘客都在高聲勸請送他們的親友早點回去休息，我卻戀棧著最後的片刻，而不甘心就此作罷。

　　船要轉身一百八十度後向東開去，在它緩慢轉向時，為了要縮短與堂妹間的視線距離，我們夫婦從船頭沿著船舷，一步又一步往船尾趕過去，總想讓揮動的手臂給彼此看得到。因為我們坐的是二等艙，當輪船剛調過頭來，我們是被允許經由穿堂跑到船的另一側（變成靠碼頭的一邊）去的，為的是想繼續與親友揮手示別。可是大家透過晶瑩的淚珠和聞名於世的山城迷霧，在加速拉遠的距離下，彼此都已辨認不出對方。堂妹茵茵的身影也漸漸消失。

　　人影已經變成一粒粒小點，我們倆仍站在船尾望著碼頭，在又一次長鳴的汽笛聲中，終於驚醒過來，並意識到已經在和戰時陪都——重慶道再見了！只道：

　　大江東去不回頭，滾滾浪濤增離愁；

堂妹茵茵要再見，歲月卻在無情流；
但求上蒼佑我壽，幾時再作長江遊。